Larry Rosenberg

con la colaboración de

Laura Zimmerman

Tres pasos
para el despertar

*La práctica del mindfulness
en la vida cotidiana*

Traducción del inglés al castellano
de Elsa Gómez

editorial Kairós

Título original: THREE STEPS TO AWAKENING: A practice for Bringing Mindfulness to Life
by Larry Rosenberg and Laura Zimmerman

© 2013 by Larry Rosenberg
"Published in arrangement with Shambhala Publications Inc., Boston".
Interview with Krishnamurti © by Madeleine Drexler. Reprinted with permission
Li Po, "Zazen on Ching-t'ing Mountain" from *Crossing the Yellow River: Three Hundred Poems from the Chinese*, translated by Sam Hamill. © 2000 by Sam Hamill. Reprinted with the permission of The Permissions Company, Inc., on behalf of Tiger Bark Press, www.tigerbarkpress.com

© de la edición en castellano:
2015 by Editorial Kairós, S.A.
Numancia 117-121, 08029 Barcelona, España
www.editorialkairos.com

© de la traducción del inglés al castellano: Elsa Gómez
Revisión: Alicia Conde

Fotocomposición: Beluga & Mleka. Córcega, 267. 08008 Barcelona
Diseño cubierta: Katrien Van Steen
Impresión y encuadernación: Romanyà-Valls. Verdaguer, 1. 08786 Capellades

Primera edición: Marzo 2015
ISBN: 978-84-9988-441-7
Depósito legal: B 4.004-2015

Este libro ha sido impreso con papel certificado FSC, proviene de fuentes
respetuosas con la sociedad y el medio ambiente y cuenta con los
requisitos necesarios para ser considerado un «libro amigo de los bosques».

Al señor Jiddu Krishnamurti.

Aun años después de su muerte, el profundo impacto que
Jiddu Krishnamurti y sus preciosas enseñanzas
siguen teniendo en mi vida es evidente,
como se expresa en este libro.

¡No hay palabras para describir sus beneficios!
Gracias, Krishnaji

Ya a los seis años tenía una especie de obsesión por dibujar la forma de los objetos. Para cuando cumplí cincuenta había publicado una infinidad de dibujos. Pero nada de lo que he producido antes de los setenta tiene ningún valor. A los setenta y tres, aprendí un poco sobre la verdadera estructura de la naturaleza, de los animales, las plantas, los árboles, las aves, los peces y los insectos. Cuando tenga ochenta, por consiguiente, habré progresado todavía más. A los noventa penetraré el misterio de las cosas; a los cien habré alcanzado sin duda un estadio maravilloso, y cuando tenga ciento diez, todo lo que haga, ya sea un punto o una línea, estará vivo. Ruego a quienes vivan tanto como yo que verifiquen si cumplo mi palabra.

A la edad de setenta y cinco años, yo,
en un tiempo Hokusai, hoy Gwakyo Rojin,
a quien llaman el Viejo Loco por Dibujar (1835)

Sumario

Agradecimientos

Cuando murió Krishnamurti, en 1986, indagué para ver quién había «captado» de verdad sus enseñanzas. El nombre de una mujer, Vimala Thakar, que vivía en el monte Abu, en la India, surgía repetidamente. Tras cruzar con ella una larga sucesión de cartas, aceptó la invitación a venir a Cambridge, Massachusetts, y hacernos partícipes de la profunda comprensión a que había llegado. Lo hizo durante varios años, antes de retirarse a su casa de la India. Mantuvimos la correspondencia hasta su muerte. Mi intención original era dedicarle este libro a ella además de a Krishnamurti, pero en su última carta rehusaba tajantemente el ofrecimiento. Sus escritos y los numerosos diálogos que mantuvimos enriquecieron mi vida y han seguido siendo fuente de inspiración hasta el día de hoy.

Jon Kabat-Zinn ha sido mi querido amigo, confidente y compañero en el camino del yoga durante casi cincuenta años. Nuestras incontables conversaciones y reflexiones han ayudado claramente a dar forma a estas enseñanzas.

Matthew Daniell y Doug Phillips empezaron siendo alumnos entusiastas, y ahora son buenos amigos míos y profesores de yoga ellos también. Las continuas e intensas conversaciones que hemos mantenido sobre la meditación vipassana han enriquecido mi práctica y mis enseñanzas mucho más de lo que ellos puedan imaginar.

Los escritos y enseñanzas de Thanissaro Bhikkhu nos dan a todos la oportunidad de participar de su profunda comprensión de la enseñanza del Buddha sobre el poder liberador de la respiración consciente. Hemos hablado sobre el tema en muchas ocasiones a lo largo de los años. La meticulosa lectura que ha hecho de este libro, así como sus sugerencias han sido para mí enormemente beneficiosas. Es cierto que discrepamos rotundamente en muchas cuestiones, pero se diría que las discrepancias enriquecen nuestra amistad, en lugar de interferir en ella.

Jacalyn Bennett, querida amiga y alumna durante tantos años, me ha alentado constantemente, con palabras de ánimo y ayuda económica, a completar este libro. ¡Su aliento ha sido crucial!

Dennis Humphreys, fervoroso alumno y amigo durante muchos años, me reñía y acosaba continuamente –siempre con gran afecto y humor– para que plasmara por escrito lo que enseñaba a fin de que la gente pudiera beneficiarse de ello. Aquí está.

Gracias a los incontables yoguis del Centro de Meditación de Visión Penetrante de Cambridge por sus preguntas e informes sobre la práctica de la meditación, y también por transcribir el inmenso volumen de charlas del Dharma que nos proporcionaron la materia prima para esta publicación.

La generosidad de Joe Shay ha sido una gran ayuda a cada paso del camino.

¿Qué puedo decir de Dave O'Neal? Este caballero sencillo, afable y genial me repitió por tres veces consecutivas que había un libro muy interesante enterrado bajo una montaña de verborrea, y a continuación me explicó con claridad qué hacer al respecto. Todo ello, en un distendido tono de humor.

Mi amiga Madeline Drexler, escritora y editora de profesión, que comparte mi pasión por la meditación vipassana y la enseñanza de Krishnamurti, ha leído minuciosamente el manuscrito, que se ha beneficiado de su pericia. También gracias a ella ha sido posible incluir los recuerdos de Krishnamurti que se relatan en el apéndice.

Laura Zimmerman, alumna mía desde hace muchos años, editora muy competente, además de gran amiga, dio forma coherente a una ingente cantidad de material extraído de charlas sobre el Dharma manteniendo en todo momento la voz original de esas enseñanzas. ¡Gracias a ella ha sido posible este libro!

Y por último, quiero darle las gracias a mi esposa, Galina, por toda su comprensión y su apoyo…, y por saber cuándo sugerirme que me tomara un descanso, ¡y cuándo que lo terminara, por el amor de Dios!

Introducción

¡Respirar es estar vivo!

¿Es posible que un proceso tan natural, tan elemental como inspirar y espirar nos proporcione el fundamento para una práctica de meditación liberadora?

El Buddha respondería que sí. Porque comprendió que el proceso de la respiración, que con tanta frecuencia se da por sentado, entraña la base para un método de despertar que está al alcance de todos. Él lo llamó *anapanasati*, o «consciencia plena de la respiración», y lo plasmó en el *sutta* del mismo nombre.

Tres pasos para el despertar investiga este método clásico y presenta una manera triple de realizarlo que he ido descubriendo y desarrollando a lo largo de más de cuarenta años de práctica, estudio y docencia. Se basa en mi experiencia personal, las enseñanzas de varios grandes maestros y los incontables diálogos con otros profesores del Dharma y yoguis. Y, sobre todo, tiene mucho que agradecer a los numerosos alumnos que reconocieron el valor de este método concreto... y me hicieron abrir los ojos a los beneficios que podía tener ponerlo al alcance de un círculo de practicantes más extenso.

Las enseñanzas que contiene este libro se diferencian de los métodos de enseñanza clásicos de *anapanasati* únicamente en su estructura de tres pasos: consciencia de la respiración en el cuerpo entero, la respiración como ancla y el darse cuenta total, o meditación sin objeto. Pero como pronto verá, no está en contradicción con los métodos clásicos, ¡ni mucho menos! Se trata de un método flexible que tiene especial utilidad para la gente de hoy en día, pues ofrece una serie de prácticas de consciencia entre las que cada cual puede elegir, dependiendo de su particular comprensión y capacidades. Propone un curso de acción sencillo para aquellos que estén a punto de iniciarse en la meditación de atención plena, con el que podrán practicar toda la vida. Y ofrece a la vez una técnica para meditadores con experiencia que les ayudará a revitalizar y refinar su práctica; al fin y al cabo, incluso después del despertar, el Buddha siguió practicando la consciencia plena de la respiración.

Nueva perspectiva de una práctica de meditación ancestral

En el *Anapanasati Sutta*, el Buddha enseña las dieciséis contemplaciones ligadas a la consciencia de la respiración que constituyen las instrucciones de meditación básicas que nos dio. Desde tiempos del Buddha, este discurso fundamental se ha enseñado, estudiado, interpretado y reinterpretado. En este libro, le animo a que exploren el método condensado, que utiliza dos contemplaciones en vez de las tradicionales dieciséis. La primera de ellas enseña la práctica de la consciencia de la respiración para calmar y estabilizar la mente; en la segunda, se usa la respiración como ancla o fiel amiga para investigar la mente, el cuerpo y la respiración en un mismo marco cronológico. Sin perder la esencia de las instrucciones que dio el Buddha, este método condensado de meditación en la respiración tal vez les resulte más útil y práctico a muchos yoguis contemporáneos. Y es un método que, exactamente igual que la tradicional secuencia completa de dieciséis contemplaciones, puede llevarle a soltarse del sufrimiento y entregarse a la libertad.

He introducido además una tercera contemplación, que está íntimamente conectada con las dos primeras. La llamo *darse cuenta*, aunque también se la conoce por nombres como *consciencia pura, darse cuenta imparcial* o *sin preferencias, meditación sin objeto* y *el método del no método*. Consiste en prestar atención a todo lo que aparece en nuestra vida, sin favoritismos ni juicios. No hay un foco de atención único, ni siquiera la respiración es el centro. No se desecha nada. Lo mismo durante el trayecto en coche hasta el supermercado, aparentemente tan mundano, que durante la visión penetrante aparentemente más reveladora sentados en el cojín de meditación, nos damos cuenta de lo que esté sucediendo. El darse cuenta es nuestro método y nuestro refugio.

Haber incluido esta tercera contemplación es el elemento más insólito de este libro. Sin duda, es el que probablemente les resultará más sorprendente a quienes lleven tiempo practicando la consciencia de la respiración; y es comprensible que sea así, puesto que incluye la opción de dejar de considerar la respiración como el elemento clave y buscar refugio en la consciencia en sí, en el propio darse cuenta.

Paradójicamente, el darse cuenta es la primera práctica que aprendí, ¡antes incluso de haber estudiado budismo! Ahora, más de cuarenta años de práctica y docencia me llevan a incluirlo como elemento esencial de este método de tres fases para tomar plena consciencia de la respiración.

No fue un acto deliberado elaborar un método de tres fases, sino que se fue desarrollando de un modo natural durante muchos años de práctica y de observar a otros yoguis que recorrían un camino similar. La intención de *Tres pasos para el despertar* es explicarles de forma coherente esta evolución a muchos más yoguis que utilizan la belleza de la simple consciencia de la respiración como pilar de su práctica, y a todos los buscadores de sabiduría y compasión.

Consciencia de la respiración y el espíritu inquisitivo

Si me interesé por la enseñanza del Buddha fue solo porque el primer *sutta* que oí, el *Kalama Sutta*, era distinto de todo lo demás que había leído o que conocía por mi educación. El primer capítulo de este libro examina este *sutta*, ya que es la base para reconsiderar lo que entendemos por consciencia plena de la respiración. Se trata del discurso en el que el Buddha insta a sus oyentes (los kalamas, un grupo de buscadores espirituales de la India del siglo V a.c.) a cuestionar todas las enseñanzas que hubieran recibido hasta el momento…, incluidas las del propio Buddha.

No sé si es algo que a usted la vida le ha enseñado ya. Hay mucha tontería suelta por el mundo. Hace años, un profesor maravilloso que tuve, Swami Chinmayananda, que me enseñaba Vedanta, dijo un día: «Cuanto más larga la barba, mayor el farsante», ¡y él tenía una barba que le llegaba casi al suelo!

Es cierto que el Buddha nos alienta a recibir el consejo de los sabios. Seríamos unos necios si despreciáramos su inconmensurable saber y su pericia. Pero también nos dice que pongamos a prueba las enseñanzas en nuestra experiencia cotidiana de la vida. Hay que escucharlas, sopesarlas e investigarlas. Es tarea de cada uno de nosotros comprender «¿por qué sufro tanto?», «¿cómo me relaciono con el mundo que me rodea?» o «¿qué da alegría a mi vida?».

Este espíritu inquisitivo es una piedra angular para alguien como yo, orgulloso descendiente de una dinastía de escépticos; aunque creo que es también un signo de nuestro tiempo, en el que somos muchos los que adoptamos una postura de cautela frente a la estricta ortodoxia de los sistemas religiosos y políticos. Y de no haber sido por el *Kalama Sutta*, no habría conocido la libertad de investigar nuevos enfoques del *sutta* sobre la consciencia plena de la respiración, ni en el libro anterior, *Aliento tras aliento: la práctica liberadora de la meditación vipassana* , ni en este.

Mirada retrospectiva

El primer profesor de meditación que tuve hace cuarenta años, Jiddu Krishnamurti, no enseñaba el uso de la respiración. Él solo practicaba y enseñaba el darse cuenta, imparcial, sin preferencias. Pasé varios días con él en un viaje que hizo a Boston en la década de los 1960, y cuando se disponía a regresar a Europa, le pedí que me pusiera deberes. Me dijo: «Pon tu casa en orden. ¡Empieza a prestar atención a cómo vives *realmente*!».

La palabra *realmente* me atravesó como una flecha al rojo vivo. Luego repitió: «Cómo vives *realmente*». No cómo piensa uno que vive, no cómo debería vivir, no cómo le han dicho sus padres que viva, sino, momento a momento, cómo anda, cómo se sienta, cómo come. En otras palabras, no hay nada que no sea digno de atención.

Después de la muerte de Krishnamurti, en 1986, continué trabajando con su alumna Vimala Thakar, una mujer de extraordinaria comprensión y sabiduría. De cuando en cuando, Vimala hacía una concesión y decía: «De acuerdo, siga la respiración, ¡pero no va a necesitar usarla de soporte más de unos días! Después, simplemente observe lo que esté sucediendo en la mente y en el cuerpo».

Desde el primer día, trabajar con Krishnamurti y con Vimalaji alentó una práctica de puro darse cuenta y un sincero interés por aprender sobre todos los aspectos de la vida. Confiaban plenamente en que ese darse cuenta y el interés por aprender que nacía de él harían cuanto fuera necesario hacer.

Me atrajo poderosamente la pura sencillez y naturalidad de ser simplemente quien era y observar, sin juicios, y aprender de lo que quiera que observase. Hoy es el día en que, si tuviera que calificarme de algo, sería de minimalista. Me gusta encontrar la manera más sencilla y directa de vivir, sobre todo en el ámbito de las actividades humanas.

Claro está que, siendo aquellas las primeras pautas de meditación que recibía, ¡no tenía conocimiento de ninguna otra! Con el tiempo, acabó abriéndose una brecha entre mi amor por el puro darse cuenta y la capacidad que en realidad tenía de usarlo con eficacia, debido mayormente a que carecía de una base sólida para la concentración. Los años de educación formal, la veneración del conocimiento conceptual y diez años de docencia universitaria habían obstruido el acceso al darse cuenta simple y abierto. O como decía mi primer profesor budista, el maestro zen Seung Sahn Sunim: «Demasiados pensamientos».

Consciente de que necesitaba más métodos, formas y profesores de los que la enseñanza de Krishnamurti ofrecía, asistí a mi primer *sesshin* (intensa sesión de meditación zen), y a partir de entonces, a pesar de dar muchas vueltas, he permanecido dentro del ámbito del budismo. Pero nunca he abandonado la práctica del puro darse cuenta que aprendí de Krishnamurti y

Vimala Thakar. Durante los diez años de intensiva y venerada práctica de zen coreano, vietnamita y japonés que siguieron a aquel primer *sesshin*, fue desarrollándose en mí un amor todavía más profundo e inquebrantable por la sencillez del simple ver.

Enseñanzas sobre la consciencia de la respiración

Mi viaje con la respiración consciente como compañera empezó «oficialmente» en 1982, cuando tuve conocimiento de vipassana, o meditación de visión penetrante, como se enseña en la tradición Theravada, principalmente en Thailandia, Camboya, Myanmar [antes Birmania] y la India. Normalmente, los primeros días de un retiro, los profesores instaban a los yoguis a ser conscientes de la respiración, a adoptar la respiración como objeto de atención exclusivo, con el solo propósito de favorecer la concentración y calmar la mente. El estado de la mente estable se denominaba *samadhi*. Era una práctica que le preparaba a uno para *vipassana*: indagar directamente en la naturaleza de todo el proceso mente-cuerpo y ver en acción la legitimidad del Dharma. En este caso, el Dharma significa la verdad natural del universo, expresada en las enseñanzas del Buddha.

Heredé, practiqué y a partir de cierto momento enseñé esa interpretación de la atención plena a la respiración, hasta que tuve la fortuna de conocer a Bhikhu Vimalo, un monje alemán que había vivido y practicado muchos años en Myanmar y Thailandia. Corrigió la idea limitada que yo tenía y me enseñó que el propósito de ser consciente de la respiración era crear una práctica completa que incluyera tanto *samadhi* como *vipassana*. ¡Qué gran noticia! Me informó de un *sutta* que exponía esto en un estilo claro y lógico. «¡Léelo!», me dijo. Y así descubrí el *Anapanasati Sutta*.[*]

Gracias a Bhikhu Vimalo, entendí que la consciencia de la respiración como práctica completa, además de calmar la mente, puede llevarnos a conocer el proceso mente-cuerpo, incluidos los sentimientos y estados mentales, y finalmente a la visión penetrante y la liberación.

Practicar la consciencia de la respiración fue a partir de entonces tan primordial en mi vida que busqué a practicantes de este método que hubieran alcanzado la maestría. Gracias a mi buena fortuna, trabajé al lado del gran maestro vietnamita de zen Thich Nhat Hanh y del venerado maestro thailandés Ajahn Buddhadasa. Más adelante, aprendería aún más sobre el *Anapanasati Sutta* de Thanissaro Bhikkhu, monje del linaje de Ajahn Lee.

Para mi fascinación, y ocasional desconcierto, supe que estos tres extraordinarios profesores leían el mismo *sutta*, en ocasiones hasta en traducciones idénticas, y sin embargo entendían las palabras con un significado muy diferente. Y por si esto fuera poco, me di cuenta de que en mis primeros años

---

[*] Majjhima Nikaya 118.

de practicante de Soto Zen, algunos profesores enseñaban *shikantaza*, que es la práctica de simplemente sentarse, respirar y prestar atención. Aunque en ningún momento hicieran referencia al *Anapanasati Sutta*, ahora, al mirar atrás, comprendía que la consciencia de la respiración existía también en el Zen, solo que no se le daba ese nombre.

Todos los maestros veían en *anapanasati* un método para la liberación, y sin embargo enseñaban este *sutta* de manera bien distinta. Y a la vez cada interpretación era auténtica, práctica y efectiva…, «correcta».

Con el tiempo, llegué a creer que incluso si el Buddha volviera a la tierra, tal vez no ofrecería una «única» interpretación, puesto que era un practicante con gran riqueza de recursos y variaba el enfoque y las palabras en función del alumno. Entendí que la «viveza» y flexibilidad del *sutta* eran de una profundidad inequívoca. Su naturaleza orgánica lo hace igual de relevante para los problemas que hemos de afrontar en este mundo tan complejo que para el mundo del Buddha, de hace más de 2.500 años. Por otra parte, reparé en que llevaba practicando el mismo número de años que muchos de los profesores de estos *suttas*, y todo ello me hizo plantearme poner «mi granito de arena». Y lo puse, primero con *Aliento tras aliento*, que se publicó en 1998, y de nuevo ahora, con *Tres pasos para el despertar*.

El método condensado
de consciencia plena de la respiración

El método condensado, que consta de dos contemplaciones en vez de dieciséis, tal vez le parecerá nuevo, ¡pero no lo inventé yo! Hace años, Ajahn Buddhadasa –aunque él personalmente enseñara a sus alumnos a avanzar de un modo secuencial desde el principio hasta el final del *sutta*– sugería seriamente que si un yogui contemporáneo no tenía tiempo de practicar con diligencia paso a paso cada una de las dieciséis contemplaciones, podría beneficiarse de utilizar el método condensado sin perder la esencia de las enseñanzas. La gran profesora laica de meditación Upasika Kee, de Thailandia, también expone en sus escritos y discursos las pautas para una práctica condensada de meditación en la respiración. «Si consigues hacerte un experto en mirar y saber de esta manera –escribe–, te percatarás de la inconsistencia, la fútil zozobra y la no-entidad de tu "yo", y te encontrarás con el auténtico Dharma.»

La obra anterior, *Aliento tras aliento*, dedicaba solo un breve capítulo a las respectivas maneras en que estos dos maestros abordan el método condensado. En aquel tiempo ya percibía sus beneficios, pero solo parcialmente. Quince años después, soy un converso…, pero ha sido mi experiencia y la de muchos otros yoguis lo que me ha convencido del inconmensurable valor de los métodos condensados. Está claro que el método abreviado está más en sintonía con nuestra vida de practicantes laicos en un mundo que gira a toda velocidad, pues nos ofrece la esencia del *Anapanasati Sutta* completo de un modo mucho más directo y asequible. Por otra parte, al vivir en Cambridge, Massachusetts, un importante núcleo académico y profesional, he visto a muchos yoguis acometer la práctica de las dieciséis contemplaciones como si estuvieran trabajando en una tesis doctoral que exigiera hacer complejos análisis comparativos. Pero esta actitud puramente intelectual, útil para los estudiosos, suele obstaculizar el potencial liberador de la meditación que de hecho practica el yogui.

De tarde en tarde, me encuentro con yoguis que prefieren pasar por las dieciséis contemplaciones sucesivas y lo hacen con eficacia, de una manera que reduce auténticamente su sufrimiento. En ese caso, les animo, por supuesto, a practicar este método…, y le animo a usted a leer con calma el *sutta* entero y a prestar atención a su propia respuesta. Como me oirá decir en todo momento, cada yogui responde a un determinado método a su manera. Tanto para el profesor como para el alumno, la elección de método sigue siendo una cuestión de «medios hábiles».* Ningún método es apropiado indistintamente para todo el mundo.

Pero, por favor, ¡no imagine que el método condensado es

---

* Medios hábiles: se refieren a la capacidad del Buddha Shakyamuni para hacer entender su prédica entre los oyentes, según el estado, necesidades y circunstancias de cada cual. En el segundo capítulo del Sutra del Loto, o *Saddharmapundarika Sutta*, titulado «Medios hábiles», «*Upaya*», se explica cómo Shakyamuni hace uso de estas virtudes para enseñar a sus discípulos y llevarlos por el camino de la budeidad. (*N. de la T.*)

«vipassana "light"»! Cuando lo practique sentado en el cojín, en casa o en el trabajo, verá que le estoy mostrando una manera más de utilizar la consciencia de la respiración para lograr lo que el Buddha enseñó: cómo vivir con maestría en un mundo de impermanencia y cambio. La respiración nos acompaña en el camino de la vida de principio a fin: aprendemos sobre el cuerpo, los sentimientos, las formaciones mentales, la mente en sí y, por último, la legítima impermanencia y vaciedad del «yo», su legítima insustancialidad. El método condensado de respiración es una práctica de soltarse de todos los apegos y entregarse a la libertad.

El círculo se cierra y volvemos al principio: el darse cuenta

Cuarenta años de trayectoria me llevaron de Krishnamurti y el darse cuenta a una década de Zen seguida de treinta años de práctica de visión penetrante y consciencia de la respiración. Paradójicamente, al ir evolucionando la práctica de visión penetrante, la consciencia de la respiración se convirtió en un trampolín para no necesitar de la respiración como objeto central de la atención.

No fue un movimiento deliberado. Sin esfuerzo ni intención consciente, el darse cuenta en sí –que había sido mi práctica inicial– resurgió intacto, más fortalecido que nunca. Aparentemente, los métodos que había aprendido a lo largo de los años

–koans, mantras, yoga, *pranayama*, anotaciones mentales y, por supuesto, la consciencia de la respiración– me ayudaron a desarrollar una base para un práctica más madura, ¡«el método del no método»!

Quiero hacer hincapié en el carácter no forzado de este proceso. Por extraño que pueda parecer, sucedió sin más: la respiración dejó de ser un elemento predominante de la práctica. De la forma más natural, cuando me sentaba a meditar, me encantaba no tener que hacer otra cosa que estar sentado y aprender. Dicho de otro modo, era como si la propia respiración me dijera (con ligero acento neoyorquino): «Mira, Larry, te he traído hasta aquí. Siempre voy a estar a tu disposición, pero ahora mismo la capacidad que tienes de darte cuenta no está nada mal. En realidad, eres capaz sencillamente de darte cuenta, así que ya no te hace falta empezar la práctica usando intencionadamente la respiración como ancla o amiga».

Había dado la vuelta entera y me encontraba de nuevo en el punto donde la meditación había empezado: el darse cuenta, imparcial, sin preferencias, sin objeto. No obstante, había vivido una larga e intensiva práctica en Asia y Occidente, sobre el cojín y en la vida cotidiana. Estaba preparado para hacer del darse cuenta mi auténtico hogar.

Hasta ese momento, no había llevado la cuenta de los cambios graduales que se habían ido produciendo en el viaje meditativo. No los había enunciado ni para los demás ni para mí. Seguí enseñando *anapanasati*, pero mi pasión era el darse cuenta sin objeto. Como consecuencia, descuidé, o al menos reduje, el énfasis que hasta entonces había puesto en la prioridad de la respiración.

Afortunadamente, muchos alumnos veteranos percibieron el cambio en mi manera de enseñar. Varios de ellos empezaron a acosarme con la pregunta de por qué había abandonado la enseñanza de tomar consciencia de la respiración. Comentaban que, aunque me veían acoger con gusto cualquier diálogo inquisitivo que los yoguis iniciaran sobre el método, no participaba con toda mi energía. Habían observado también que muchos alumnos intentaban practicar el darse cuenta, pero que sus preguntas ponían de manifiesto que no estaban preparados para ello.

En esencia, estos yoguis veteranos y observadores preguntaban qué razón había para abandonar radicalmente un estadio de la práctica que había demostrado ser eficaz y beneficioso para incontables yoguis. Según les escuchaba, me recordaron que habían empezado su aprendizaje conmigo, hacía muchos años, utilizando *anapanasati* como práctica completa. En el fondo, sin embargo, conocían los beneficios de aprender el método que ahora les proponía; de hecho, algunas de sus prácticas se habían ido transformando también de la manera más natural, sin esfuerzo ni intención, en puro darse cuenta. Utilizaban la consciencia de la respiración de cuando en cuando, pero ya no del modo único y dirigido que había caracterizado su práctica anterior de *anapanasati*.

Como me había ocurrido a mí, la consciencia de la respiración llevó a estos alumnos a un estadio en el que podían simplemente darse cuenta, y punto. Escuchándoles, una imagen que se me venía a la cabeza era la de una pértiga. Al principio, el atleta necesita de ella para impulsarse a gran altura, pero llega un momento en que tiene que soltarla y simplemente saltar.

Esto es lo que les sucede, en distinto grado, a muchos meditadores. Por supuesto, hay muchos otros a los que no. Desde los tiempos del Buddha hasta hoy, algunos yoguis han mantenido la práctica de la consciencia de la respiración y siguen contentos con ella; han seguido creciendo en sabiduría y compasión. Está claro que no es un método inferior. El temperamento individual de cada yogui, su grado de experiencia, los profesores a los que tiene acceso y un sinfín de factores más determinan el camino particular del Dharma que uno sigue. Todos conducen al mismo sitio: la disminución del sufrimiento en nuestra vida y en el mundo.

¿Y ahora qué?

Nada de lo que cuenta a partir de aquí este libro pretende ser una forma nueva y mejorada de meditar, o exclusivamente la correcta. ¡Ni mucho menos! Lo único que puedo decir con toda seguridad es que sé los beneficios que estas enseñanzas me han reportado y les han reportado a muchos otros yoguis, utilizándolas cada uno de acuerdo con su naturaleza y grado de comprensión.

Le sugiero que lea el libro hasta el final antes de decidir

si hacer uso de estas enseñanzas. Si después de haberlo leído y haber reflexionado sobre el texto le interesa, empiece por el primer método y vaya avanzando a partir de ahí. Aunque no es mi intención prescribir una progresión inalterable, lo cierto es que la secuencia de métodos proporciona una estructura y una base desde las que iniciar una práctica meditativa fructífera.

Los yoguis más experimentados ya saben lo valioso que es prestar una atención relajada, alerta y exclusiva a las sensaciones que acompañan a la respiración. Lo que tal vez sea nuevo en este primer método es el énfasis puesto en dirigir la atención allí donde la respiración sea más vívida, en vez de a las zonas que con más frecuencia suelen indicarse, como son la nariz, el pecho o el abdomen. ¡Haga la prueba!

Lo mismo en el caso de los principiantes que de los yoguis veteranos, tomar consciencia de la respiración en el cuerpo entero puede llevar a la mente a una sosegada estabilidad que le permita investigar la totalidad del proceso mente-cuerpo. Es además el preludio del segundo método: la respiración como ancla. En este caso, se trata de ser conscientes de la respiración en el cuerpo entero y de observar además en el mismo momento *todo* lo demás que esté presente aparte de la respiración: sentimientos, sensaciones, emociones, estados mentales (incluido el silencio). Es una atención sincronizada y simultánea a la respiración y a todo lo demás, incluso mientras se aprende a observar emociones potencialmente perturbadoras o de gran intensidad como la ansiedad o la ira.

A medida que vaya avanzando en su práctica, alternando normalmente entre los dos primeros métodos, es posible que de un modo natural pase usted al darse cuenta, la sencilla y natural observación de cuanto la Vida vaya disponiendo. El darse cuenta se convierte entonces en una forma de vida. Se mira y se escucha lo que esté sucediendo en el interior y en el exterior, aprendiendo de todo lo que se observa.

Ahora permítame hacer una puntualización sobre un comentario anterior: aunque recomiendo pasar de un método al siguiente y después al siguiente, no hay una forma de avanzar que sea «mejor» u obligatoria. Por tanto, es posible que haga usted un movimiento intencional de un método a otro (del primero al segundo y seguidamente al tercero) o que su práctica vaya avanzando con naturalidad. Habrá quienes al leer este texto sientan un interés por el darse cuenta y tengan la disposición para practicarlo. ¡Estupendo! Si es su caso, láncese directamente. Seguirá percibiendo la respiración, pero esta no será ya el objeto «oficial» de la atención. Habrá quienes desarrollen una destreza para entrar y salir de los tres métodos, y también quienes hagan uso exclusivo de la respiración, y acaben finalmente soltándose de ella. La respiración será para algunas personas el vehículo que les lleve al cese del sufrimiento, mientras que otras practicarán el darse cuenta por considerarlo el camino más directo a la libertad.

No hay un muro sólido que separe un método de otro; lo único que existe entre ellos es una simple membrana permeable. Por encima de todo, le insto a investigar, a estar alerta y despierto y a dejar que la inteligencia y el darse cuenta le guíen. Estas cualidades le ayudarán a alinear un determinado modo de meditar con sus condiciones y experiencias individuales, que estarán en cambio constante.

Sea cual sea el método que elija, ¿dónde lo practicará? Como me oirá decir repetidamente: ¡en todas partes! A mí particularmente, se me enseñó desde el primer momento que practicara en la naturaleza, ante el escritorio, en una sala de meditación, o en casa, mientras fregaba el suelo; y la comprensión de que ha de ser así no ha hecho sino afianzarse con los años, pues la práctica formal de la meditación y lo que denominamos «el resto de la vida» son inseparables.

Los capítulos dedicados a la vida cotidiana y las relaciones aparecen en último lugar dentro del libro…, buen ejemplo de cómo la secuenciación del texto no expresa una jerarquía de valores. El darse cuenta en las relaciones con otros seres humanos tal vez sea el elemento más imperativo, difícil e inexplorado de la práctica para los yoguis contemporáneos. Este es el aspecto en que nuestra práctica tendrá un efecto más beneficioso o perjudicial, para nosotros mismos, nuestros seres queridos y el mundo entero en el que vivimos.

Aprender a vivir

Todos experimentamos los estados mentales y corporales propios del ser humano, y todos conocemos la tristeza y la felicidad. Lo radical de la enseñanza del Buddha es que nos ofrece una manera nueva de vivir esta humanidad que nos es común. Al practicar *anapanasati* y el darse cuenta, investigamos la calidad de nuestra vida y descubrimos que sufrir o ser felices está en nuestras manos.

Las enseñanzas del Buddha son un modo de formación y educación…, lo que suelo llamar el arte de «aprender a vivir». Obviamente, hay incontables circunstancias sobre las que no tenemos ningún control. Pero al practicar día tras día y año tras año, acabamos sabiendo que las penas del mundo se pueden observar y olvidar, pues son obra de la mente. Es en este aspecto donde las prácticas contemplativas dan mayores frutos.

La meditación vipassana, que se sirve del proceso natural de respirar, es una práctica de sabiduría. Nos enseña a vivir con «las dos alas de un ave»: sabiduría y compasión. ¿No es esta la razón de que dediquemos tanta energía y trabajo a métodos como la respiración consciente o el darse cuenta? Con el tiempo, nos ayudan a hacernos menos daño a nosotros mismos, a hacer menos daño a los demás y al mundo en el que vivimos. Esto es lo que entiendo por despertar.

Tres pasos para el despertar refleja las enseñanzas que he tenido la fortuna de aprender de otras personas y las experiencias de ocho décadas de vida. Les estoy agradecido al Buddha y a aquellos que han mantenido vivas sus enseñanzas durante miles de años. Tuve la fortuna de recibirlas de algunos de ellos y quiero, a mi vez, compartirlas ahora con usted.

Por favor, investigue si estos métodos le ayudan a usted también a vivir con más sabiduría y compasión. Al practicar, momento a momento, está aprendiendo a vivir. Es un aprendizaje que continuará mientras usted continúe.

Kalama Sutta

El derecho a preguntar

La práctica del Dharma consiste en aprender a vivir, y es un camino lleno a la vez de alegrías y desafíos. Nos exige abrir la mente para ver desde una perspectiva nueva nuestras creencias y opiniones, y no aceptar nada con fe ciega. La propia práctica le alentará a investigar sus más preciadas convicciones, incluso aquellas que pueda tener sobre el propio Dharma. Afortunadamente, puede ser un viaje interminable de descubrimiento de sí mismo en todos los aspectos de su vida.

De todas las enseñanzas del Buddha, el *Kalama Sutta* es una de mis preferidas porque alienta ese sincero interés por el Dharma. Los kalamas fueron un grupo de personas que vivieron en la India en tiempos del Buddha y que le preguntaron cómo reconocer las auténticas enseñanzas fundadas en la sabiduría. ¿Qué puedo decir?, si el budismo no estuviera imbuido del espíritu de este *sutta* –un espíritu de cuestionamiento y comprobación–, estoy casi seguro de que no habría mantenido esta práctica meditativa hasta el día de hoy.

Las enseñanzas de este libro se ofrecen con el mismo espíritu que caracteriza al *Kalama Sutta*. Expondré en él lo que he comprendido sobre la consciencia de la respiración y el darse cuenta en la práctica formal de la meditación y también en la vida cotidiana, donde insistiré en la necesidad imperiosa de aplicar la práctica en nuestras relaciones con los demás. Cada uno de los métodos que expongo lo he puesto a prueba en el laboratorio de mi vida, igual que lo han hecho en el de sus vidas innumerables alumnos y yoguis más.

A partir de ahí, la decisión depende de usted. «Para saber si el bizcocho está bueno, hay que hincarle el diente.» Hay que darle un mordisco, masticarlo y saborearlo. Esa misma actitud es la que debe aplicar a este libro. Tentativamente, considere que las enseñanzas son veraces y útiles; pero investíguelas. A medida que lee, póngalas a prueba con su experiencia personal. El Buddha no nos pide que creamos, sino que entendamos y verifiquemos sus descubrimientos. ¿Le ayudan las contemplaciones que aquí se describen a liberarse, a vivir sabiamente y con compasión?

Me crié en la que podría considerarse una tradición de escepticismo. Mi padre fue el primero en enseñarme la importancia de hacer preguntas. Provenía de un linaje de catorce generaciones de rabinos, pero, como hizo su padre –exrabino– antes que él, rechazó esa herencia..., aunque el término *rechazó* es demasiado suave. Solía expresar su desprecio no solo por el judaísmo ortodoxo, sino por todas las religiones. Antes de la clase escolar de hebreo, me llevaba aparte y me decía cosas como: «Pregúntale al rabino cómo consiguió Moisés que las aguas se abrieran». Como ya puede usted imaginar, el rabino Minkowitz no estaba lo que se dice encantado de que se le cuestionara de esta manera. Creo que mi padre fue el primero en la historia del judaísmo que pagó a un rabino para que *no* diera una charla en la *bar mitzvah* de su hijo. Le dijo: «Aquí tiene el dinero. Por favor, *no* dé una charla». Pero el rabino la dio. Y mi padre estaba indignado.

Mi padre me infundió su creencia en la necesidad de ejercitar el pensamiento crítico. Si me metía en líos –normalmente yo era muy bueno en casa, pero bastante travieso en el colegio y en el barrio–, mi padre me sometía a juicio. Siempre había querido ser abogado o juez, pero conducía un taxi, así que tenía que conformarse con un juzgado en el que solo estábamos presentes mi madre y yo. El suyo era un juzgado sensible y razonable: le permitía hablar al «acusado» y, a veces, después de escucharle, retiraba los cargos. Por supuesto, mi madre sonreía: los dos se alegraban de que me hubiera librado.

Pero mi padre siempre me explicaba *por qué* debía haber actuado de forma diferente: «Cuando dijiste aquello, tu tía Clara se ofendió, entonces llamó a tu madre, y ahora yo tengo que escucharlo todo. Así que la próxima vez, agarras el pan de centeno y los bollos y te vienes a casa. Así de simple». Me hacía ver que cada uno de mis actos tenía consecuencias. Pero por encima de todo, me enseñó que todo el mundo tiene derecho a hacer preguntas sobre lo que sea. Eso sí, ese derecho va acompañado de una responsabilidad: si cuestionamos los actos de los demás, debemos estar dispuestos a cuestionar también los nuestros.

Lo mismo que mi padre, los kalamas del *Kalama Sutta* eran escépticos, pero responsables. Su pueblo, Kesaputta, era un mundo sensible a las cuestiones espirituales y estaba invadido por profesores que a menudo competían por un público y defendían distintas filosofías o caminos. Era un medio no muy diferente del de hoy en día. También nosotros vivimos inundados de opciones: «¿Le interesa la religión? ¿De qué tipo? ¿Budismo? ¿Qué modalidad? ¿Vipassana? ¿Ah, eso ya lo ha probado? ¿Le ha parecido demasiado árido, quizá demasiada charla sobre el sufrimiento y la impermanencia? Igual prefiere *Dzogchen*, la perfección innata de la mente. Además, la mayoría de los profesores de vipassana ni siquiera son monjes; van vestidos con chándal. Al menos los profesores tibetanos, con sus pintorescas vestimentas, sí *parecen* auténticos maestros. O considere el Zen. ¡Precioso! Tiene todas esas parábolas que enseñan y hacen reír. ¿O qué le parece la corriente de Un Solo Dharma, que las abarca todas?».

Vivimos en un gran mercado espiritual, un torbellino de promesas y postulados; no es de extrañar que a muchos les resulte desconcertante. Hace 2.500 años, también los kalamas estaban confusos por la gran abundancia de caminos que decían conducir a la sabiduría y la paz. Cuando el Buddha, itinerante, pasó por su región, se congregaron para oír su perspectiva. Dijeron:

> «Señor, hay brahmines y monjes contemplativos que vienen a Kesaputta. Exponen y glorifican sus doctrinas, pero critican,

vilipendian, ridiculizan y desacreditan las doctrinas de los demás. Y luego llegan a Kesaputta otros brahmines y monjes distintos, que también exponen y glorifican sus doctrinas, pero critican, vilipendian, ridiculizan y desacreditan las doctrinas de los demás. Nos dejan desconcertados y en la duda más absoluta: ¿Cuáles de estos venerables brahmines y monjes contemplativos dicen la verdad y cuáles mienten?»[*]

Aunque los kalamas conocían la reputación de gran sabio que tenía el Buddha, les preocupaba que tal vez él también fuera un profesor más, con un punto de vista que defender y por el que competir. Admiro profundamente el inusual grado de escepticismo de aquella gente. La historia del mundo revela que la mayoría nos sentimos atraídos por aquel que predica una doctrina enérgica e inflexible y viene a decir, abierta o veladamente: «Esta es la verdad y todos los demás están equivocados». Es sin duda el peligroso modelo que impera en la política contemporánea. Pero también se manifiesta en los círculos espirituales; e inevitablemente provoca en mí las preguntas: ¿De verdad queremos libertad? ¿Podemos asumir la responsabilidad de ser libres? ¿O preferimos quizá tener un impresionante guía que nos dé la respuesta a todo y se encargue de hacer por nosotros el trabajo difícil?

A pesar de los problemas tan serios que ha habido en los

---

[*]   Del *Kalama Sutta*, Anguttara Nikaya 3.65, traducido del pali al inglés por Thanissaro Bhikkhu.

centros del Dharma en los últimos treinta años, todavía veo a algunos yoguis dejar la inteligencia aparcada a la puerta y casi arrastrarse a los pies del «maestro» diciendo: «Solo quiero que me diga cómo he de vivir». Incluso yo, pese a creer tan firmemente en la importancia de cuestionar, he cometido ese mismo error varias veces. ¿Y usted? ¡Deseaba tanto tener un maestro, mi maestro, que me enseñara una vía de acceso única a la verdad! Era un sentimiento fantástico ser su alumno, que alguien se ocupara de mi vida espiritual y quedar redimido de la preocupación y la responsabilidad que trae consigo ejercer el derecho a hacer preguntas. Pero, por supuesto, no era libre.

La respuesta del Buddha al recelo y la confusión de los kalamas es un antídoto contra las elecciones imprudentes. Esto es lo que les dice, y nos dice, sobre la elección de un guía espiritual, y también sobre el arte de investigar en todos los ámbitos de la vida:

«"Como decía, kalamas, no os dejéis llevar por rumores, por leyendas, por las escrituras, por conjeturas lógicas, inferencias, analogías, por la conformidad con lo que oís tras sopesar opiniones, por la probabilidad de que sea verdadero lo que oís ni por el pensamiento, y digáis: 'Este monje es nuestro maestro'. Cuando sepáis en lo más hondo que lo que predica nace de la ignorancia, que es reprobable, que los sabios lo censuran, que cuando se adopte y ponga en práctica acarreará perjuicio y sufrimiento, deberíais abandonarlo." Así se dijo. Y a continuación de esto se dijo:

»"Así que, kalamas, no os dejéis llevar por rumores, por leyendas, por las escrituras, por conjeturas lógicas, inferencias, analogías, por la conformidad con lo que oís tras sopesar opiniones, por la probabilidad de que sea verdadero lo que oís ni por el pensamiento, y digáis: 'Este monje es nuestro maestro'. Cuando sepáis en lo más hondo que lo que predica nace de la claridad, que es impecable, que los sabios lo alaban, que cuando se adopte y ponga en práctica generará bienestar y felicidad, deberíais ahondar y morar en ello".»*

Antes de profundizar en las enseñanzas de este *sutta*, me gustaría contarle otra historia. Esta se dice que ocurrió en un pueblo de China al que la gente llegaba desde los lugares más remotos para oír las charlas del Dharma que daba un joven profesor muy respetado. Un día, un anciano maestro que gozaba de gran estima se unió a la multitud. Cuando el joven profesor lo vio, le dijo: «Por favor, suba y siéntese a mi lado mientras doy la charla». De modo que el anciano maestro subió y se sentó a su lado.

El joven profesor siguió hablando y casi a cada palabra que decía citaba un *sutta* o a un maestro zen. El viejo maestro empezó a dar cabezadas delante de todos. Aunque el joven lo advirtió con el rabillo del ojo, continuó la charla. Cuantas más

---

*   Del *Kalama Sutta*, Anguttara Nikaya 3.65, traducido del pali al inglés por Thanissaro Bhikkhu, *Access to Insighth*, www.accesstoinsight.org/tipitaka/an/ano3/ano3.065.than.html, extraído el 1 de mayo de 2013.

autoridades citaba, más dormido parecía estar el viejo maestro. Al final, el joven se detuvo y le preguntó: «¿Qué pasa? ¿Tan aburrido le parece lo que digo, tan espantoso, tan desacertado?». En ese momento, el anciano se inclinó y le pellizcó con fuerza. El joven profesor chilló. A lo que el anciano maestro dijo: «¡Por fin! Para oír esto he venido de tan lejos: esta enseñanza pura, la enseñanza de este chillido».

La respuesta del Buddha a los kalamas destaca, como la del anciano maestro de este cuento zen, la primacía de la experiencia directa, personal. El Buddha les explica que la gente se vuelve dependiente de múltiples tipos de autoridad: algunos internos, otros externos, algunos fiables y otros totalmente errados, y les advierte que la mera antigüedad de una enseñanza, o el que alguien la recite leyéndola de las escrituras, no la hace verdad. Solo porque parezca razonable, o porque sintamos atracción por la persona que la predica, no significa que encierre sabiduría.

Las preguntas entonces son: ¿Cómo distinguir lo auténtico de lo falso o desatinado? ¿A quién o a qué apelar en busca de unas directrices que nos enseñen a vivir?

En el *Kalama Sutta*, el Buddha no rechaza la razón ni la lógica. No dice que las enseñanzas ancestrales sean irrelevantes, o que tengamos que reinventar la rueda del Dharma cada vez que hemos de hacer una elección. A fin de cuentas, en este momento, al escribir este libro, pongo estas enseñanzas en práctica basándome en un cuerpo de enseñanzas del Dharma que ha ido fraguándose a través de generaciones de ancestros del Dharma. Si usted y yo no estudiamos los textos y escuchamos las enseñanzas, ¿cómo sabremos qué han criticado y alabado los sabios? No, las directrices que el Buddha les da a los kalamas –y nos da a nosotros– son *precauciones, no prohibiciones.* Nos previene contra la obediencia ciega a la autoridad de la tradición y los maestros, o a la autoridad de nuestras propias ideas. Y nos previene también contra la obediencia ciega a la razón y a la lógica.

Estas pueden ser advertencias de especial relevancia para aquellos que estén iniciándose en la vida meditativa. Si es su caso, al principio verá que las convicciones inspiradas por las enseñanzas, los maestros y la comunidad espiritual le ayudan a tener la motivación y la energía necesarias para comenzar la práctica. Pero es una fe provisional. Recuerde que el Buddha insiste en que pongamos a prueba las doctrinas e ideas, como si fueran «hipótesis de trabajo», en el laboratorio de nuestras acciones. Las convicciones basadas en el apoyo externo tienen una «fecha de caducidad» en que ceden el paso a la convicción fundada en la experiencia personal.

Cuando llega ese momento, la comprensión que uno ha alcanzado ya no es una comprensión prestada. Es auténtica y es suya. Es lo que ocurre cuando desarrollamos la facultad de despertar y estabilizar la atención plena.

Tanto si es usted un meditador principiante como experimentado, cuando investiga de verdad sus creencias y convicciones, ¿no descubre que, a la vez que es un desafío, esa investigación le hace expandirse, desarrollar una visión más perspicaz? Esta ha sido al menos mi experiencia. Las enseñanzas pueden inspirarle; el mero hecho de oírlas puede reportarle satisfacción intelectual y emocional. Aun así, mientras lee o practica los tres pasos que se describen en este libro, acuérdese de preguntarse: ¿Hacia dónde me está llevando esto? ¿Qué me hace actuar con más generosidad y prudencia: practicar la consciencia de la respiración o el darse cuenta? Investíguelo una y otra vez.

Pero no se quede aquí. Para que el Dharma sea un conocimiento genuino –para sentir el pellizco del Dharma–, tendrá que convivir íntimamente con él, someterlo a examen, y dejar que él lo someta a examen a usted. «Sé una luz para ti mismo», dice el Buddha. Deje que sus preguntas le iluminen el camino. Esta es la esencia del *Kalama Sutta*.

En última instancia, cualquier idea que tenga de la verdad tendrá que pasar la prueba de la experiencia vivida. En todas sus enseñanzas, el Buddha ofrece una sencilla fórmula que nos orienta en esa dirección: examinarlo todo en términos de causa y efecto. Todo aquello que sea ineficaz o fruto de la ignorancia y acarree perjuicio o sufrimiento para nosotros y para los demás debe reconocerse como tal y abandonarse. Todo aquello que sea eficaz, que demuestre talento y que genere felicidad y paz para nosotros y para los demás debe cultivarse.

Recuerde, en una etapa temprana de su vida, el Buddha dijo: «Solo enseño una cosa: lo que es el sufrimiento, y el cese del sufrimiento». Y nos ofreció una serie de prácticas dirigidas expresamente a aprender a vivir y a reducir el sufrimiento llamadas las Cuatro Nobles Verdades»: hay sufrimiento; el sufrimiento tiene una causa, que es el deseo y el apego; el sufrimiento puede cesar, y hay un camino práctico que hace realidad ese cese.

Las Cuatro Nobles Verdades son mi brújula infalible en todos los aspectos de la vida, ya sea dando instrucciones en una sala de meditación o al tropezar en la calle con un desconocido. Durante miles de años, han sido comunes a todas las escuelas de budismo y han servido de guía a incontables yoguis. Cuando practique los tres pasos para el despertar, las Cuatro Nobles Verdades le ofrecerán el medio para aprender a reducir el sufrimiento del mundo, e incluso para liberarse del sufrimiento. La primera noble verdad, *hay sufrimiento*, define una consecuencia que es expresión de la ignorancia: la aparición y admisión del sufrimiento. La segunda noble verdad, *el deseo y el apego*, es la corrupta causa de esa consecuencia perjudicial. La tercera noble verdad, *el cese del sufrimiento*, es la eficaz consecuencia que resulta de haber observado la cuarta noble verdad, *el camino óctuple*, caracterizado por la ética, la estabilidad mental y la sabiduría.

Sin embargo, hasta las enseñanzas más fundamentales del Buddha, como las Cuatro Nobles Verdades, han de mirarse al trasluz e investigarse como se describe en el *Kalama Sutta*. Es algo que aprendí siendo un joven yogui practicante de vipassana cuando el maestro Ajahn Chah, de la tradición thailandesa del bosque, vino a la Sociedad de Meditación de Visión Penetrante de Barre, Massachusetts. En aquel tiempo, muchos estábamos fascinados por la fuerza liberadora de «soltarse». En las conversaciones que entablamos, todos decíamos «soltarnos» de esto y de aquello…, a veces nos soltábamos prácticamente de todo. Mientras nos escuchaba, Ajahn Chah dejaba traslucir cierto escepticismo. Finalmente nos animó a ir más despacio, rebobinar, y examinar con cuidado los momentos en que de verdad sufríamos. En vez de tener prisa por «soltarnos» de esos momentos, nos instó a que entráramos directamente en contacto con el sufrimiento y viéramos si era producto de alguna forma de deseo o apego, de querer que las cosas fueran diferentes de lo que eran. A su entender, el *verdadero* soltarse se aprendía al ver el precio que pagábamos por aferrarnos y resistirnos… y la alegría que uno siente al liberarse de la carga del apego.

Prestar atención a la experiencia concreta del sufrimiento, en vez de fomentar las nociones conceptuales de soltarse, nos dio la oportunidad de descubrir los beneficios de las Cuatro Nobles Verdades en el crisol de nuestras vidas. Esta manera de ver y de escuchar, en la que tanto hincapié hace el *Kalama Sutta*, forma parte esencial de las enseñanzas que se exponen en las páginas de este libro. La transformación del sufrimiento nacida del darse cuenta tiene una fuerza inefable cuando está íntimamente ligada a la experiencia de nuestra vida. Indague, cuestione y ponga a prueba su comprensión de las enseñanzas para que le calen hasta la médula.

Parte I:
Practicar la atención

1. Atención a la respiración del cuerpo entero

«Uno se adiestra; sensible al cuerpo entero, inspiro.

Sensible al cuerpo entero, espiro.»

EL BUDDHA, *Anapanasati Sutta*

La respiración es un instrumento que nos brinda la ayuda necesaria para aprender las lecciones que la vida nos quiere enseñar. Está presente al servicio de la consciencia. Está presente como una especie de amiga o aliada, para acompañarnos, para apoyarnos, para ayudarnos a desarrollar una mente clara, estable, relajada y rebosante de energía. El *Anapanasati Sutta* utiliza la respiración consciente para desarrollar la mente y hacer de ella un instrumento capaz de investigarse a sí misma. Se usa la respiración para despertar y luego mantener una atención plena al proceso de la mente y el cuerpo, sobre el cojín y fuera de él. Una mente que se ha desarrollado así puede entonces mirar de frente aquellas cosas que nos resultan difíciles y que todos conocemos. Puede mirar el miedo, la soledad, la ira. Puede ayudarnos a conocernos a nosotros mismos y a entender cómo vivimos *realmente*, y a través de esa comprensión, liberarnos.

El método concreto que vamos a emplear para poner en práctica el *Anapanasati Sutta* es muy sencillo. Como ya hemos dicho, se denomina método condensado. Básicamente consta de dos pasos. En el primero, llamado *shamatha*, calmamos la mente haciendo uso de la respiración consciente. En el segundo, utilizamos la mente, que ahora está más serena y despejada, y que cuenta con el respaldo de la sensibilidad a la respiración, para observar cómo todo surge y se desvanece. Esto es *vipassana*, o meditación de visión penetrante, y se aplica a todos los sucesos que llamamos mente: emociones, pensamientos, planes, preocupaciones, estados corporales, sonidos, olores…, todo lo que concebimos como nuestra experiencia. La consciencia de la respiración no tiene como único objetivo calmar la mente –que es una idea frecuente entre los meditadores que no conocen este método–, sino que la respiración nos ayuda a mantener la atención plena y nos permite así ver con más claridad y precisión la verdadera naturaleza de todas las formas: todo lo que nace muere. Las implicaciones que tiene una percepción así de penetrante pueden ser radicales y liberadoras.

Por el momento, vamos a dirigir la atención a la primera parte de la práctica, que calma la mente y nos familiariza con la respiración tal como la experimenta el cuerpo entero. En el capítulo siguiente, empezará usted a ver cómo tiene lugar el «soltarse», a medida que aprenda a usar la respiración como base de operaciones al tiempo que observa todo lo que surge y se desvanece. Más adelante, investigaremos cómo la respiración nos ayuda a desarrollar una mayor sensibilidad a la manera en que realmente vivimos nuestra vida, y esto tendrá lugar fuera del cojín, mientras realiza usted sus actividades cotidianas, ya sea en el trabajo, en clase o en casa. Finalmente pasaremos a la práctica de sentarnos sin tener en mente ningún tipo de pautas, trascendiendo de hecho la respiración y pasando a la consciencia del silencio.

Le propongo que empecemos la práctica completa de la respiración consciente como trabajará usted con ella en la meditación formal. Comenzaremos con una traducción del tercero de los dieciséis pasos del *sutta* en sí: «Siendo sensible al cuerpo entero, el yogui inspira. Siendo sensible al cuerpo entero, el yogui espira». El marco de referencia es el cuerpo entero, sentado. Esto significa que experimenta usted cada respiración que aparece tal como se presente. No se trata de una búsqueda desesperada. No se trata de intentar abarcar el cuerpo entero, sino simplemente de sentir lo que quiera que sienta. Con eso basta.

Lo fundamental es la calidad de la atención. Las sensaciones van haciéndose más perceptibles en distintas partes del cuerpo con cada respiración, y esto ayuda a adiestrar la mente, porque no es fácil. La mente está aprendiendo no solo a estar atenta, sino también a ser ágil, flexible; está aprendiendo a permanecer con las sensaciones que acompañan a la respiración a medida que aparecen, sea cual sea su cualidad, allí donde sean más vívidas.

Meditación sentada

La sabiduría consiste esencialmente en aprender a vivir. Y para que este aprendizaje sea posible se necesita no solo de una mente que tenga interés y esté en condiciones de aprender, sino también de la ayuda del cuerpo. Son socios que trabajan en estrecha colaboración.

En la práctica sentada, pero también no estando sentado, ¿es usted capaz de ayudar al cuerpo a relajarse y estar erguido a la vez?

Tan necesario es lo uno como lo otro. La relajación por sí sola puede acabar traduciéndose en una mera lasitud que dificulte el estar alerta. La postura erguida por sí sola puede acabar traduciéndose en una mera rigidez que haga imposible relajar el cuerpo. Vamos a aprender a ajustar la atención igual que ajustaría usted el volumen de la radio. Hacia un lado, suena demasiado alto; hacia el otro, demasiado bajo. Pero finalmente, si está sonando una música que le encanta y que de verdad quiere escuchar, encuentra la posición justa para que el volumen sea exactamente el adecuado. En nuestro caso se trata de ayudar al cuerpo a que aprenda a sentarse. En los círculos del Dharma se llama a esto «encontrar la postura». No basta con dejarse caer en el cojín de cualquier manera.

El criterio por el que guiarse es, al igual que para cualquier otra postura yóguica, o *asana*, el que se aplicó originariamente y sigue aplicándose en la actualidad. Una vez establecido en una posición determinada, el cuerpo aprende a estar a la vez cómodo y firme, y es conveniente que ambas cualidades estén presentes. Cuando el cuerpo aprende a estar relajado y estable, tiene usted una sólida base desde la que prestar atención.

Obviamente, esto es un ideal. Al principio, ¡normalmente no se está ni lo uno ni lo otro! ¿Qué hacer entonces? Se empieza por disponer el cuerpo todo lo erguido y cómodo que sea posible, y luego uno aprende poco a poco a sentarse de un modo más satisfactorio. No es mala idea dedicar un momento, nada más sentarnos, a recorrer el cuerpo con plena atención para detectar cualquier lugar en que haya una tensión obvia. Empiece por la cabeza y vaya bajando despacio por todo el cuerpo, deteniéndose en aquellos lugares que le llamen la atención. Tal vez la mandíbula esté apretada con fuerza. No intente relajar la zona; solo observe con sensibilidad el malestar y perciba pura y simplemente eso a lo que llama «tensión» tal como es. Vea qué pasa y continúe el recorrido. ¿Quizá los hombros están demasiado elevados, en un gesto de impaciencia? ¿Qué sensación le produce? Obsérvelo unos segundos, vea qué pasa y continúe hasta haber observado el cuerpo entero.

El propósito de esto no es conseguir que el cuerpo esté perfectamente erguido y relajado; se trata de un breve sondeo del estado en que se encuentra para poder ayudarlo a estabilizarse e iniciar la práctica de ser consciente de la respiración en el cuerpo entero.

Por cierto, si en cualquier momento mientras está sentado ve de verdad que necesita cambiar de postura porque empieza a entrarle sueño o siente una gran incomodidad o dolor corporales, hágalo…, pero intente mover el cuerpo lo menos posible. Deténgase y reflexione: ¿por qué necesita cambiar de posición? No lo haga de inmediato. Si, por la razón que sea, decide moverse, hágalo despacio y con atención. Inspire y espire, para que la consciencia de la respiración acompañe al cambio. También tiene la posibilidad de ponerse en pie, de hacer la misma práctica en posición de pie.

Si ve que tiene tendencia a cambiar de postura al instante por cada pequeña picazón o sensación de incomodidad, intente permanecer con ellas y observe cómo se enfada y cuánto se impacienta la mente. «Ay, si pudiera rascarme, sería la persona más feliz del mundo.» Si la mente se desquicia hasta tal punto por una picazón, imagine lo que puede llegar a hacer frente a las cosas que van surgiendo en la vida. A veces está bien sentarse y observar con atención cómo funciona la mente. Otras veces, tal vez se perjudique y haga de la práctica una tortura si se niega a moverse a pesar de sentir una incomodidad terrible. No hay una respuesta general. Hace falta pericia y perspicacia para saber cuándo es acertado moverse y cuándo no.

Vamos a empezar la práctica de tomar consciencia de la respiración del cuerpo entero. Cuando esté sentado en el cojín, la silla o el banco, preste atención al hecho obvio de que está sentado. Estar sentado es lo que está ocurriendo. Preste plena atención al cuerpo tal como está sentado. Esto no conlleva ningún tipo de esfuerzo.

No se empeñe en tratar de abarcar cada centímetro del

cuerpo. Simplemente habite el cuerpo entero de una forma relajada y fluida, percatándose de las sensaciones que acompañan a la respiración allá donde las sienta. Cuando tiene lugar una inspiración, ¿dónde la percibe? Y al ir vaciándose los pulmones, ¿dónde percibe las sensaciones que acompañan a la respiración? Da igual el lugar que sea.

El propósito de esta práctica es desarrollar la consciencia de la respiración en el cuerpo entero. ¿Qué postura adopta usted frente al proceso de la respiración? Tal vez descubra que tiene una fuerte tendencia a controlar la respiración, a dirigirla, retenerla o prolongarla. Así es como la mayoría intentamos dirigir también otros aspectos de la vida, valiéndonos de A para llegar a B o, si somos muy ambiciosos, saltando hasta Z. Si es su caso, ¿nota que este comportamiento habitual de la energía esté intentando afianzarse? ¿Trata usted de hacer más vívida la respiración para «lograr calmarse» más deprisa?

Lo que se le pide es que deje que todo sea como es, que no intervenga, que se limite a estar sentado y observar. ¿Le parece pasivo, fatalista? ¿Puede conseguirse así algo que valga la pena? Le ruego que se dé estas instrucciones y lo averigüe. Supongamos que observa que, en efecto, intenta controlar la respiración. Si a continuación intenta no controlarla, caerá en la sutil trampa de controlar el control, lo cual no le reportará nada. En vez de eso, preste toda su atención a esa tendencia: dese cuenta del «afán de control». Está aprendiendo el arte de *permitir*, de dejar que la respiración suceda, no de hacer que suceda. Da igual el ritmo que adopte la respiración.

Estas últimas semanas, he observado a mi nieta que está aprendiendo a andar. La veo caerse, levantarse, volverse a caer, luego levantarse de nuevo. Puede llegar a repetirse bastantes veces. Lo que me resulta sorprendente es la ausencia de comparación con otros niños. Está claro que no piensa: «¡Qué rabia!, la niña de al lado no se cae tantas veces como yo», o «Para la edad que tengo, dicen los médicos que solo debería caerme después de dar cuatro pasos, y yo me caigo cuando solo he dado tres y medio». No. La veo entregarse entusiasmada al proceso de aprender a andar: sin sufrimiento. El caso de los padres y los abuelos ya es otra historia. Como llevan la carga de las últimas normas médicas que tipifican y dictan el progreso «correcto» cuando se está aprendiendo a andar, comparan a su niño con otros, lo cual es para ellos causa de sufrimiento. Como cualquiera de nosotros, sufrirían menos si desarrollarán más el arte de permitir.

Al practicar la respiración atenta, por un lado desarrolla usted este arte, y por otro cultiva la capacidad, asociada a él, de *recibir*. Lo único que hace es presenciar las sensaciones que acompañan a la respiración tal como aparecen y allí donde aparecen en el cuerpo. No se lanza en su busca, sino que simplemente es sensible a lo que entre en el campo de su percepción consciente. Lo uno y lo otro van unidos: permitir y, a la vez, recibir la experiencia de la respiración del cuerpo entero.

¿Puede aprender a desarrollar estabilidad y atención plena, tanto si la respiración es placentera, vívida o definida como si no? Y al continuar la práctica, ¿puede mantener esta misma actitud ante todo el abanico de ocurrencias mentales, emocionales y físicas, que en ocasiones serán mucho más desalentadoras?

Quizá al hacerse receptivo a la respiración del cuerpo, sienta que la mandíbula, como parte de la vida corporal que es, está muy tensa. No me refiero a que decida usted centrar la atención en la energía de esa parte del cuerpo, sino a que sea algo que se afirma en su percepción consciente al mismo tiempo que las sensaciones de la respiración. Empiece por notar la respiración en todo el cuerpo. Cuando la mandíbula atraiga su atención, perciba a la vez las sensaciones de la respiración dentro del contexto del cuerpo sentado. Respiración, atención plena y cuerpo están sincronizados y forman una experiencia unitaria. Son sensaciones reales. Puede usted sentirlas cada vez que los pulmones se llenan y se vacían. Si es la primera vez que realiza esta práctica, me gustaría que entendiera que no estoy hablando de imágenes, visualizaciones ni palabras. Las imágenes y los pensamientos se fabrican en la mente, y lo que está usted haciendo en este instante es sumergir la atención en la pura y simple vida corporal. Vea lo que sucede a la luz de la atención plena.

En esta práctica de consciencia de la respiración del cuerpo entero, está usted permitiendo que la respiración ocurra con naturalidad. Sin intentar manipularla de ningún modo. Sin tratar de ajustarla a un modelo de respiración ideal. No es una forma de terapia respiratoria, aunque quienes la hayan practicado durante un tiempo sabrán que tiene sin duda un efecto muy beneficioso para la respiración. Está usted aprendiendo un arte nuevo: el arte de permitir y recibir. ¿Puede dejar que la respiración suceda en vez de hacerla suceder? No persigue nada en este momento. Está erguido y relajado, lo cual invita a que la atención, la respiración y el cuerpo se aúnen. Poco a poco, va convirtiéndose en una experiencia unitaria. Las tres energías se funden una con otra: cuerpo, mente y respiración. ¡Aunque por supuesto nunca habían estado separadas!

Si ha hecho usted yoga, quizá haya cultivado el hábito de controlar y dirigir la respiración en la práctica de *pranayama*. Es una técnica de gran utilidad, pero no es eso lo que está haciendo ahora. Si es usted un meditador experimentado y ha practicado otros métodos de consciencia de la respiración, tal vez la dificultad con que se encuentre sea de otro tipo. La mayoría de los métodos de consciencia de la respiración utilizan una atención de enfoque unidireccional, bien sea a las fosas nasales, el pecho o el abdomen. En esta práctica, por el contrario, en vez de restringir el campo de consciencia, se le anima a abrirlo y expandirlo, desplazando la atención cuando la energía de la respiración la atraiga a distintas partes del cuerpo, de una inspiración y espiración a la siguiente. Tal vez esto le resulte difícil y le haga sentirse torpe e incompetente, igual que si fuera un principiante, cuando la energía habitual del pasado insista en enfocarse allí donde antes había estado cómoda y había sido efectiva. Esto crea una lucha. Ni siquiera está seguro de querer aprender todo este asunto de la consciencia de la respiración en el cuerpo entero.

Obviamente, tiene usted la libertad de quedarse con lo que le ha resultado útil en el pasado. Pero si decide darle una oportunidad a esta nueva práctica, recuerde que ya ha pasado por este mismo sentimiento de torpeza anteriormente cada vez que ha empezado a aprender una técnica o materia nueva. Vea a la mente forcejear, obsérvela. Cuando hay resistencia, hay también una oportunidad preciosa para desarrollar sabiduría si se es capaz de observar lo que sucede: «Esto no me gusta», «Me resulta extraño, es una sensación desagradable», «¿Y si no soy capaz de hacerlo». Observe la mente, vea su lucha.

Para aprender cualquier técnica nueva se necesita paciencia, una persistencia no forzada y cierta dosis de auténtico interés. Si vuelve a quedarse dormido, se despierta una vez más, sin culpa, como mi nieta cuando se cae y se levanta luego, a menudo hasta con alegría, mientras aprende a andar. ¿No sería estupendo que fuera así de simple? Nada más que aprender a hacer algo. Sin llevar la cuenta. Sin comparar. Cualquier imprevisto que surja, ya le ha sucedido antes y le puede volver a suceder. Despertará, se quedará dormido, volverá a despertarse y se dormirá otra vez. Quienes más se benefician de la práctica son aquellos que no se desaniman, o, si lo hacen, consiguen recuperar el ánimo y volver a empezar.

Como sabe, la mente tiende a desbocarse, sobre todo al principio. Tiene su propia mente; oye las instrucciones y le traen sin cuidado. Tiene otras preocupaciones más interesantes que la respiración, como por ejemplo angustiarse por lo que ocurrirá dentro de veinte años cuando deje usted de cobrar la ayuda familiar del gobierno, o revivir algo que ocurrió hace veinte años, cuando corrió una maratón. Incluso aunque en este momento «oficialmente» haya empezado usted a dar relevancia en su vida a la concentración y la práctica tranquilizadora, una de las cosas que empezará a ver es que la mente prefiere con frecuencia un futuro imaginario, ya sea maravilloso o terrible, o un pasado que ya quedó atrás y no volverá nunca, maravilloso o terrible: cualquier cosa menos el simple acto de inspirar y espirar. Empieza usted a ver ciertas compulsiones de la mente y cómo la mente prefiere una realidad conceptual a la verdad pura y simple del aquí y el ahora.

En ese momento, lo que ha de hacer es exquisitamente sencillo: vuelve usted a cada respiración tal como sucede y tal como se experimenta en todo el cuerpo. Vuelve a ella tantas veces como sea necesario: suave, delicadamente, con naturalidad. No hay necesidad de hacer de ello un problema. Si la mente empieza a calcular –a pensar, a evaluar, a compararse con lo que imagina que otra gente puede estar haciendo o con cómo lo hizo usted el día anterior–, vea eso. Son solo pensamientos. Si se los cree, tiene un problema. Pero puede aprender a dejarlos ir y venir, y una vez más retomar la consciencia de la respiración en el cuerpo entero.

A medida que la respiración se va suavizando, haciéndose cada vez más sutil y delicada, quizá descubra que se abre un largo silencio entre una respiración y la siguiente. Es muy fácil extraviarse en él, llenar la quietud dando vueltas sin control, imaginando, proyectando, inventando un futuro o reviviendo el pasado; pueden pasar varios minutos hasta que se dé cuenta de que se ha extraviado en los asuntos de la mente. Pero una ventaja del método del cuerpo entero es que, aunque haya un espacio entre respiraciones, el cuerpo sigue estando presente, sentado. Utilícelo, preste atención a ese «estar sentado» hasta que llegue la siguiente respiración; eso le dará a la mente algo tangible a lo que agarrarse que le ayudará a seguir despierta en el momento presente.

Al practicar la atención al cuerpo entero, está aprendiendo a tener una relación íntima con la experiencia pura y simple de la vida corporal. Y al hacerlo, enfatiza el primer fundamento de la atención plena, «el cuerpo en el cuerpo». No es fácil de hacer, porque siempre está mezclado con la mente. Pero cuando esté sentado respirando, preste atención al cuerpo entero. Puede aprender a no intentar arreglar nada, a no intervenir, a no utilizarlo todo para conseguir algo. Simplemente permita que la energía de la respiración emerja, se revele y se vaya.

Al inspirar, ¿dónde siente la respiración? Al espirar, ¿dónde la siente? Mantenga la percepción de las sensaciones corporales que vienen y van. No son fruto de la imaginación. No son una imagen. Está usted aprendiendo el arte de permitir, que en un lenguaje más religioso se denominaría *entrega*. ¿Entrega a qué? A *lo que es*, a la ley natural a la que obedece la respiración cuando se llenan y vacían los pulmones.

Esta forma de práctica se traduce en que toma usted asiento y está erguido y relajado. Está sentado, respirando y aprendiendo a permanecer con un solo tema: respirar en el contexto del cuerpo entero. Mientras lo hace, claro está, el mundo no se detiene. Dondequiera que esté, hay sonidos. Algunos de ellos agradables, como el canto de los pájaros, «pío, pío»; otros no tan agradables, como el ruido de camiones y motos, de ambulancias y coches de policía que cruzan como flechas las calles de la ciudad en una y otra dirección. Al dejar que los sonidos vayan y vengan, está aprendiendo a coexistir con todo lo que existe además de la respiración.

También los pensamientos vienen y van, lo mismo que los estados de ánimo y las imágenes. Igualmente el cuerpo se siente cómodo y luego incómodo; la mente se llena de optimismo y luego de pesimismo; la práctica despierta en usted un interés total y luego le aburre. Mientras todo esto sucede, haga de la respiración consciente en el cuerpo entero su hogar. La respiración es como una buena amiga que ayuda a mantener viva esa consciencia. Cada vez que sigue con atención la inspiración y la espiración, está aprendiendo a estar en el momento presente; está aprendiendo a estar con las sensaciones de la respiración tal como son. En realidad es una ventaja que la respiración adopte tantas formas de manifestación distintas, ya que esto le plantea a la mente el desafío de permanecer despierta y atenta a la respiración cuando es prolongada, cuando es superficial, cuando es delicada, cuando es tosca.

Este método integral puede resultarle de particular ayuda a la gente intelectual, pues carece de contenido verbal; no hay nada que al intelecto le sirva de combustible. No está usted a

favor ni en contra del pensamiento; no intenta arreglar nada
ni utilizar la respiración como trampolín para llegar a ninguna
parte, sino que permite que la mente se piense a sí misma como
se le antoje. Está aprendiendo a dejar que temporalmente las
cosas ocurran. Está aprendiendo a dejar que la mente haga lo
que hace sin aferrarse usted a las imaginaciones futuristas o
a recuerdos de un tiempo que ya pasó. Cada respiración tiene
lugar solo en el momento presente, y está aprendiendo a morar
en ese momento, dejando que la respiración le ayude a despertar y a mantener una atención plena.

Forma parte de ser conscientes acordarnos de dirigir la atención a aquello a lo que hemos decidido dirigirla; en este caso,
la respiración del cuerpo entero. De todos los sitios interesantes
en que la atención puede aterrizar, ha elegido usted este: el
cuerpo, sentado y respirando. Toda producción de la mente,
ya sea perspicaz o trivial, es una distracción. Debe regresar
a la pura sencillez de estar sentado, respirando, sabiendo. Es
importante que tenga claro lo que se ha propuesto. Al menos
por ahora, comprométase con este método; porque si no lo
tiene claro, la puerta está abierta para que la mente indómita,
desbocada, se reincorpore y vuelva a tomar el poder.

A medida que va tomando usted conciencia de la respiración, esta empieza a ser más sosegada. Y cuando esto suceda,
tal vez note, como creo que han notado millones de personas
durante miles de años, que el cuerpo está más relajado, pues la
respiración es un fuerte condicionante del cuerpo. Tal vez note

también que la mente está más calmada, pues la respiración es asimismo un fuerte condicionante de la mente. No es que usted intente calmarla; es algo que sucede de modo espontáneo como consecuencia de la atención plena. Y por supuesto esto actúa en ambos sentidos: relajar el cuerpo relaja la mente, y relajar la mente ayuda a la respiración. Lo que tal vez note también es que, al mantenerse esa calma, el cuerpo sigue el ejemplo y empieza a resultar más fácil estar sentado. Quizá no ocurra todo de golpe, pero poco a poco, al ir haciéndose más reposada la respiración de un modo continuado, nace de ello algo muy bueno…, se siente usted más tranquilo, más en paz. Siente una profunda alegría. Si no, ¿para qué molestarse en hacer todo esto? Si no la ha sentido todavía, la sentirá. No tiene ningún misterio. A medida que va consolidándose la consciencia de la respiración, el cuerpo empieza a relajarse, puesto que están interrelacionados. Finalmente, verá que es una única vida que está ocurriendo.

Recuerde, de todos modos, que usted no está intentando calmar nada. Las instrucciones son: permitir que la respiración suceda en el contexto del cuerpo entero; eso es todo, punto final. Cuando se practica para conseguir algo, no se está plenamente alerta o atento. Si por ejemplo la mente dice: «¡Ah!, o sea que estando de verdad atenta a la respiración se consigue verdadera calma, y alegría y paz. Yo quiero sentir eso», lo cierto es que sí, que es eso lo que ocurre. Pero si lo tiene usted en mente mientras observa la respiración, una parte de la mente está distraída y persigue un objetivo: «Hago esto para conseguir aquello». Y la meditación es un arte, el arte de permitir. La calma que usted quiere nacerá del ver, pero si intenta utilizar el ver para sentirse en calma, se convierte en un esfuerzo y una lucha, y lo que empieza usted a sentir es sufrimiento.

No se trata de intentar detectar las sensaciones que provoca la respiración, sino del arte de recibir lo que quiera que esté presente. Se trata de aprender el arte de permitir, de ver si es usted capaz de dejar que la respiración respire y recibirla tal como sucede. Sea cual sea la forma que adopte la respiración, el reto es permanecer despierto con esa determinada forma. No está usted intentando ajustar ni modificar la respiración en ningún sentido. No está intentando ajustarla a una u otra norma de lo que consideramos que es una respiración sana, sino que está aprendiendo a permitir simplemente que la respiración suceda. Cuando no es capaz de hacerlo, es eso lo que ve. Y al verlo, poco a poco y de un modo natural, deja usted de interferir. Es al ver la interferencia, al verse dirigir la respiración –y es algo que puede ser muy sutil– cuando la fuerza de ese afán controlador empieza a evaporarse de la mente y aprende usted el arte de estar presente sin más.

Cuando algo le distrae de la respiración corporal, ¿es capaz de verlo sin hacer de ello un problema, un fracaso o un error? Las distracciones que momentáneamente le apartan de las sensaciones de la respiración no son un contratiempo a menos que se quede usted atrapado en ellas. En cuanto despierta, en cuanto es consciente de su inconsciencia, ha recuperado la atención. Vuelva a estar relajadamente presente con la respiración, con el cuerpo sentado que respira, con la respiración del cuerpo entero. Tantas veces como se extravíe, regrese. Regrese con suavidad, con delicadeza, sin culpa. A menudo la mente activará ciertas energías habituales, evaluará si lo está haciendo usted bien, y le dará un informe con una calificación muy baja. Limítese a observar a la mente mientras lo hace; no lo puede evitar. Los pensamientos vienen y van, como nubes. Luego regrese a la respiración. Ya ocurra dos mil veces durante una sesión o solamente una.

Recuerde, al principio, todos tenemos una mente indómita. En la cantidad de años que llevo dedicado a la enseñanza, no me he encontrado ni con una sola excepción, da igual cuál sea la profesión de una persona o el nivel de concentración que tenga; tanto da que se dedique a la música, la programación informática, la cocina, la maternidad o la paternidad. Cuando se trata de mirarnos a nosotros mismos, es como empezar de cero; todo es nuevo y es un auténtico reto.

El paso número uno es ver que esta es nuestra condición. La realidad es que la mente se encuentra en un estado indómito, y es necesario reeducarla. Hasta ahora no ha aprendido usted el valor que tiene no correr detrás de cada producción del pensamiento. No ha aprendido la cantidad de energía que se derrocha al creer cada pensamiento, la treta que le juegan la introspección crónica y los pensamientos repetitivos. Cuando los observa con atención, ve que tienen muy poco sentido; son mera energía habitual, como una máquina estropeada que se repite sin descanso.

Hace varios años, un neurocirujano de fama internacional fue a nuestro centro de Cambridge a aprender a meditar. Al cabo de un mes de sesiones de aprendizaje y entrevistas personales, me preguntó si era posible que conversáramos en privado. Me dijo que no quería seguir practicando. Intenté averiguar el motivo, y me contó, con tristeza, que haber descubierto lo caótica que era su mente –en comparación con el exquisito nivel de atención y estabilidad mental que acostumbraba tener mientras operaba el cerebro de la gente– le hacían sentirse humillado. Hablaba con una sinceridad impresionante, pero a pesar de que le animé a seguir, nunca volvió. Al parecer, ¡era capaz de penetrar en el cerebro de otra gente, pero no en el suyo!

Así que, por favor, no se desanime; es algo totalmente nuevo lo que está aprendiendo. ¡Persevere! En cuanto empezamos a ver que la mente ha de adiestrarse, y simplemente reposamos en la respiración, la tendencia a dejarnos distraer y alejarnos de la respiración empieza a debilitarse. Comienza usted a ver los beneficios de la respiración consciente, porque le reporta alegría y paz verdaderas y quizá otros beneficios imposibles de expresar con palabras. A medida que esto ocurre, empezamos a desaprender las viejas maneras irreflexivas en que hasta ahora se ha comportado la mente, obsesionándose con un pasado que nunca volverá o fantaseando de continuo con el futuro. ¿Está dispuesto a renunciar a todo eso a cambio solo de esta inspiración ordinaria, de esta espiración ordinaria?

La práctica consiste sencillamente en estar donde estamos.

No es fácil. Al parecer, todos preferimos ese futuro imaginario o un pasado que ya terminó; cualquier cosa menos el ahora. La razón de que sea así varía de una persona a otra, pero esa razón suele ser que tenemos una idea de nosotros mismos. «Este soy yo respirando, y quiero superarme y destacar.» Quiere usted ser un gran yogui. Quiere ser una persona serena. Quiere hacerlo bien. Indudablemente, no es una dinámica nueva; no es que se contagió usted de ella cuando empezó a practicar. Lo más probable es que ya haya tenido la misma actitud en relación con el dinero, el sexo, el arte, la fama, la belleza o la ropa. Conoce infinitas maneras de hacerse sufrir. Compararse es sufrir. Tal vez tenga un esquema imaginario de dónde debería estar situado en esta práctica. Pero las instrucciones son muy simples: esté donde está.

Ver el sufrimiento que le provocan las ideas que tiene de sí mismo es sabiduría. Se da cuenta de que se ha inventado una meta que cree que debería hacer alcanzado, y luego no ha estado a la altura. Pero todo ello es invención de la mente. A lo único que se le anima es a despertar al hecho de que el cuerpo está sentado y respirando. Eso es todo. Lo que pasa es que muchos de nosotros somos demasiado intelectuales y complicados para algo tan sencillo.

Vamos a extendernos un poco sobre lo que ya se ha dicho, a ponerlo en contexto, a explicarlo con más detalle. Empiece por disponer el cuerpo en una postura que sea todo lo cómoda y erguida posible. Repase el cuerpo con atención, de la cabeza a los pies. Perciba cualquier tensión o tirantez existentes u otra clase de molestias. Preste plena atención brevemente a ese malestar y luego siga adelante. No es una búsqueda de perfección. Ahora habite el cuerpo entero con plena consciencia, tal como está, sentado y expresándose a través de sensaciones y movimientos de energía. Si por algún razón ha estado usted disociado de la vida corporal, es posible que al principio le resulte difícil hacerlo. Con un poco de práctica, desarrollará una capacidad más íntima y satisfactoria de reposar en el cuerpo sentado tal como está.

El siguiente paso es crucial: preste una atención minuciosa y relajada a la respiración y al hecho obvio, que a menudo pasamos por alto, de que todos respiramos. En otras palabras, ¡está usted vivo! ¿Lo sabía? No está usted intentando hacer que nada sea distinto de lo que es, ni está tratando de lograr ningún objetivo. Es sencillamente sensible a esta inspiración según la siente en el cuerpo entero, lo mismo que a esta espiración. Con suavidad, relajado y alerta. Al igual que un espejo refleja lo que hay delante de él, ahora su consciencia es simple y no reactiva; simplemente refleja lo que hay.

Oye usted a alguien como yo decir: «Simplemente permita que la respiración fluya con naturalidad», y suena bien, ¿a que sí? El problema es que suele usted controlar la respiración más de lo que supone. No lo puede evitar. A veces quizá le parezca que controlar la respiración –alargar o acortar la duración de las sensaciones que acompañan a la respiración– hace que las inspiraciones y espiraciones resulten más agradables y atractivas, y cuando lo que se hace es agradable, es más fácil prestarle plena atención que cuando es desagradable.

¿Qué hacer, entonces? Como antes decía, si intenta usted no controlar la respiración, lo que hace es ejercer más control: una lucha agotadora. En lugar de eso, perciba la cualidad controladora de la mente; aprenda a mantener una atención estable, independiente de la calidad de cada sensación que nace de la respiración. No entre en guerra con ello. No intente crear armonía. Está aprendiendo a hacer algo vital, que es simplemente observar lo que quiera que aparezca…, porque está ahí.

No percibe usted la palabra *respiración*. Percibe el contacto real, y las reverberaciones se sienten por todo el cuerpo. Cuando está de verdad tranquilo y en silencio, puede percibir las sensaciones de la respiración en los dedos de los pies o en la frente o en la espalda. No intente forzarlo. Si ocurre, bien; si no, bien también. Sienta la respiración dondequiera que la sienta. Algunos la perciben más en las fosas nasales, otros en el abdomen, porque esa ha sido su práctica en el pasado. Si es ahí donde la siente, siéntala, pero no decida a priori que va a centrar la atención en esos lugares. Está en ellos porque es donde la respiración es más vívida y atrae su atención, lo mismo que quizá sea más vívida en otra parte del cuerpo para otra persona, o para usted en otro momento mientras está sentado.

Todos los momentos de atención plena reeducan la mente y ayudan a desarrollar esa estabilidad, sensibilidad y observación nuevas. Empieza usted a estar más alerta a lo que sucede, a cómo se comporta la vida, y sobre todo a cómo se comporta su vida aquí y ahora. Al ir afianzándose en la práctica de ser consciente de la respiración del cuerpo entero, empieza a estar más presente en sus experiencias y menos atrapado en las múltiples producciones de la mente, o lo que en pali se denominan *papañcas*: los estados que surgen cuando un pensamiento engendra una emoción, que a su vez engendra otro pensamiento acerca de la emoción. Para cuando se da usted cuenta, está viviendo en una realidad alternativa, inmerso en un tropel de pensamientos y emociones que nada tienen que ver con lo que está pasando.

Poco a poco, también, va conociendo cada vez mejor el cuerpo desde dentro. Un conocimiento que no es como estudiar anatomía o fisiología; es conocer el cuerpo como campo de energía. Se vuelve usted más sensible a él. Hay un quiropráctico al que llevo yendo desde hace años y al que he enviado a mucha gente. Una vez me dijo:

–Siempre me alegra cuando viene alguno de sus alumnos.

–¿Y eso? –le pregunté.

–Pues porque cuando les hago una pregunta sobre lo que sienten a nivel físico, pueden responder con precisión, porque están en contacto con su cuerpo.

Esto forma parte de esa reeducación. Quizá no sea la liberación, pero le ayudará a tener una relación más íntima con su cuerpo. A menudo, el sistema nervioso empieza a mejorar. Aumenta la energía. El practicante se vuelve más sensible a los alimentos y al efecto que producen en él, al clima y su efecto, o a los efectos que tiene tomar determinados medicamentos. Tiene también muchos beneficios para la salud. El sistema nervioso, el cerebro incluido, se calma, y las preocupaciones nos dan un respiro... No olvidemos que el cuerpo tiene una enorme inteligencia, que ha quedado atrofiada por el mal uso que se ha hecho de él o por haberlo descuidado. Hay muchas prácticas magníficas, como el *hatha yoga* y el taichi, que están al alcance de todos y que pueden ayudar a despertar esta inteligencia, y también puede hacerlo el tomar consciencia de la respiración.

Quizá haya quienes noten que tienen dificultades con la respiración. Si es su caso, hay diversas maneras de resolver el problema. Puede dejar de lado la respiración por el momento y limitarse a prestar atención a las simples sensaciones corporales. Deténgase un instante y reflexione. ¿Se está esforzando demasiado? ¿Alberga sin darse cuenta alguna idea de cómo debería ser su práctica ahora? Si es así, ¿de dónde viene esa meta que se ha puesto? En última instancia, el elemento fundamental de la práctica es la atención; la respiración tiene el propósito de ayudarle a prestar atención porque reduce o elimina el pensar innecesario. Si se queda usted aferrado a algo, aun cuando sea algo bueno, tenga por seguro que se volverá en su contra. Puede que jure usted: «Tomaré consciencia de la respiración y estableceré el récord olímpico de atención ininterrumpida a la respiración», pero las medallas de oro no tienen nada que ver con la sabiduría ni con ser más libres.

Despertar es estar más vivo. La viveza a la que todos tenemos alcance está ya aquí en este momento. Es la vida en forma de respiración. Usted está aprendiendo a coexistir pacíficamente con los sonidos, los pensamientos, los olores, imágenes, estados de ánimo y producciones de la mente. Pero su objeto de atención primordial, su tema de meditación por el momento, es el simple hecho de estar sentado respirando y sabiéndolo.

Podría decirse que su vida se desdobla en dos carriles. Está el carril de la mente, donde usted se deja gobernar por haber cedido la autoridad a las producciones mentales. En este carril, se dedica usted casi exclusivamente a pensar su vida. La mente está entre usted y la experiencia pura, simple e íntima de la vida en sí.

El otro es el carril del Dharma. Está usted despierto. Vive en un estado de atención. Está presente. Está en contacto directo con la experiencia, sin mediación de ideas, imágenes, conclusiones ni nociones. ¡Solo eso! En este preciso instante, lo sepa usted o no, cada respiración tiene lugar justo aquí y ahora. Poco a poco, la cuestión empieza a ser: ¿Tiene usted una relación íntima con esta respiración tal como es? Y por íntima quiero decir que no está separada, sino que siente usted plenamente cualquiera que sea su experiencia cuando la respiración llena de aire los pulmones y luego se vacían en esta postura determinada, en este momento y en este lugar.

Cuando la mente se queda atrapada en sus elaboraciones, ¿puede usted regresar al cuerpo y a la respiración? Sienta donde sienta esas sensaciones de la respiración en cualquier momento, la práctica es perfecta. Esta nueva habilidad que va desarrollando refina su capacidad de vivir en estado de observación, de consciencia. Cuando se sale del carril del Dharma (fíjese en que he dicho *cuando*, no *si*), regrese, sin criticarse ni ser despiadado consigo mismo, y sin desanimarse. La paciencia le permite saltarse toda esa evaluación y crítica. La práctica es el regresar. De hecho, cuando se da cuenta de que no se está dando cuenta, ya ha regresado. Si la mente fuera tan indómita y salvaje que no hubiera lugar a regresar, no necesitaría usted practicar. Así que, por favor, no haga del sentarse y respirar un problema. El gran maestro de la tradición thailandesa del bosque Ajahn Chah dice que la meditación es «unas vacaciones para el corazón».

Mucho de lo que está usted aprendiendo es una forma de reeducación, a fin de que la mente aprenda nuevas maneras de relacionarse consigo misma. Ha dejado usted de ceder sistemáticamente la autoridad al ámbito del pensamiento, al pasado o al futuro, a los conocimientos y las experiencias pasadas, al condicionamiento. A veces es apropiado hacer uso de las acumulaciones del pasado, pero con frecuencia la vida está mejor sin ellas. Cuanto más consciente de la respiración es usted, más y más libre es la mente. Ve con precisión, y ese ver es el principio de la sabiduría. Le ayuda a entender cómo vive en realidad y, durante el proceso, le ayuda a vivir con más inteligencia.

En las páginas siguientes, trasladará la consciencia de la respiración del cuerpo entero a cuatro posturas, entre ellas la práctica del caminar meditativo. Después de esto, trascenderá la respiración y el cuerpo para incluir todos los aspectos de lo que llamamos estar vivo como ser humano. Ya esté sentado o de pie, la consciencia de la respiración del cuerpo entero le ayuda a establecer una base, un punto de estabilidad desde el que aprender a ampliar la capacidad de recibir y observar cada expresión de su experiencia, íntimamente y sin reactividad. Este le llevará al segundo paso del método condensado: de *samatha*, o calma concentrada, a *vipassana*, o meditación de visión penetrante. ¿Puede aprender a observar y escuchar, y a aprender de lo que ve y oye?

● ● ● ●

Pregunta: No soy capaz de decidir cuál es la mejor técnica de consciencia de la respiración. Algunos de mis profesores sugieren que elijamos un lugar donde centrar la atención, sin embargo usted nos anima a estar plenamente atentos a las sensaciones del cuerpo entero. Estoy confundido.

Respuesta: Sí, es fácil que trabajar con distintos profesores genere confusión. Los profesores del Dharma podemos acabar aferrándonos a nuestro método particular y enseñarlo con excesiva convicción. En mis primeros tiempos de practicante, cada uno de los profesores que fui conociendo indicaba centrar la atención en un sitio distinto: las fosas nasales, la zona del labio superior justo debajo de las fosas nasales, el abdomen, el pecho, el cuerpo entero… La mayoría de ellos nos alentaba a permitir que la respiración adoptara su propio ritmo; algunos a controlar suavemente la respiración para que el proceso fuera más agradable. La mayoría incluía la inspiración y la espiración; algunos daban verdadera importancia solo a la espiración. Y todos tenían sólidos argumentos que respaldaban sus preferencias.

¿Cómo decidir? Me entregué al máximo a cada una de las técnicas mientras trabajé con cada profesor, y la conclusión a la que llegué fue que ¡todas eran correctas! Todos los métodos demostraron ser auténticamente útiles.

Mientras practicamos un método, puede ser una ayuda creer que nuestra técnica –o nuestro profesor o tradición o centro de meditación– es la mejor. Nos sentimos afortunados, y esto moviliza la energía y suele inspirar una práctica seria y consistente. Pero al ir progresando en la práctica, es necesario utilizar más el ingenio. Uno tiene que confiar en sí mismo y ver lo que necesita en cada momento. Le aconsejo solo que esté alerta al afán compulsivo de buscar constantemente algo mejor, afán que nace de la mente inquieta y de su negativa a perseverar en ninguna disciplina.

Si las enseñanzas y el profesor se dan cita, es usted muy afortunado. Recuerde también que, independientemente de dónde sea más vívida la respiración en este momento –la tripa, la nariz o el pecho–, es algo que cambiará, porque la ley de la impermanencia rige también este aspecto de la vida. Si elige prestar atención a un lugar en particular, en vez de a la respiración del cuerpo entero, estupendo. Siga adelante.

A mi entender, la técnica que se emplee para practicar la atención plena y la concentración ha de ser la adecuada para la constitución y temperamento únicos de cada persona. Y esto mismo es extensible a todas las prácticas de meditación: elija el método que le ayude a soltarse del deseo y el apego. Si de verdad le ayuda, es que está al servicio del Dharma. Puede que aprenda esa técnica de un profesor poco conocido, que nunca ha escrito un libro ni ha dado una conferencia. Averigüe qué es lo más apropiado para usted, y no se preocupe por lo que pueda resultarle útil a la persona que está sentada a su lado. Esta investigación requiere paciencia y sinceridad. Llevarla a cabo es una práctica, no una pérdida de tiempo.

• • • •

P: Me centré tanto en las sensaciones que percibía en diversas partes del cuerpo que llegó un momento en que no estaba seguro de si respiraba o no. Me desorientó por completo.

R: Comprendo. Está claro que la mente se involucra en lo que quiera que hagamos. La respiración es solo eso, respiración, pero la mente humana se inventa lo que cree que está pasando. Inventa una historia, la interpreta y produce «la desorientación». La pregunta es: ¿ha perdido usted contacto con estar sentado y respirar? Porque si se aparta de ello, aunque sea a un sitio de lo más interesante, es una distracción; ya no está usted haciendo esta práctica que pone el énfasis en la respiración del cuerpo entero.

• • • •

P: Tengo una idea bastante clara de lo que es la respiración, y de cómo por la acción del diafragma las moléculas de aire…

R: Tal vez sea usted científico. Otra persona es artista y ve pinceladas de pintura en la mente. Un amante de las flores percibe la fragancia del aire al inspirar. Todo ello es muy interesante. No pretendo desterrarlo. Pero cada mente construye e interpreta el mundo a su manera. Cuando todas estas producciones de la mente afloran, las instrucciones que usted tiene son decirles: «Muchas gracias», y retornar a la respiración. Ya sean interesantes o triviales, son una distracción. No luche contra ellas ni se involucre en ellas. Regrese a la pura sencillez de estar sentado respirando y sabiendo. Preste atención a las simples sensaciones que tienen lugar a medida que los pulmones se vacían y se llenan de nuevo. El resto sobra.

• • • •

P: Muchas veces me siento muy decepcionado de mí mismo por no regresar a la respiración…, sobre todo después de oír que es eso lo que debo hacer. ¿Es porque me esfuerzo demasiado? ¿Debería intentar examinar el contenido de la mente?

A: La mayoría de la gente se siente decepcionada después de escuchar las instrucciones de seguir atentamente la respiración. Podría usted tratar de ver si tiene alguna ambición en mente: ¿está intentando llegar a alguna parte? Tal vez quiera conseguir una calma excepcional o una gran concentración en la respiración. Una vez que cree esa condición, habrá sentado la base para lo que el Buddha llamó *dukkha*, o sufrimiento: se mide a sí mismo en relación con una meta, y como no la ha alcanzado, se critica con severidad. Esto produce la toxina mental de la animadversión hacia sí mismo o hacia otro. Todos tenemos la capacidad de convertirnos en un campo de batalla.

Indudablemente, esta dinámica no empezó cuando se sentó usted en el cojín. En este momento es la respiración, pero podría ser cualquier cosa: el sexo, la belleza, la fama, los iPad. Cuando compara, sufre.

Dicho de otro modo, no se sienta decepcionado por sentirse decepcionado. ¡Véalo! La atención nunca se desilusiona, simplemente ve. Si está usted observando, no se identifica; si se identifica, no está observando. ¿Qué le sucede a la decepción cuando se mira a la luz de la consciencia?

Si de verdad investiga usted la mente en acción, está practicando *vipassana*. Hay personas que prefieren empezar por aquí que por *samadhi*. Tal vez sea también su caso. Quizá se calme observando cómo una multitud de objetos vienen y van, en vez de centrando la atención en uno solo. Tal vez llegue un momento en que se sienta lo bastante en calma como para volver a hacer el *samadhi* clásico con la respiración.

Sea cual sea el método que utilice, cuando vea el sufrimiento que nace de hacer comparaciones, tiene la oportunidad de adquirir sabiduría. Se da cuenta de que su mente ha creado una meta y luego ha sido incapaz de alcanzarla. Las instrucciones

son simplemente respirar y saberlo. Eso es todo. Suena sencillo, pero al principio quizá no sea tan fácil.

• • • •

*P: He notado que incluso mientras medito, la respiración
parece no fluir con naturalidad. La controlo. Luego intento
no controlarla, y esto crea ansiedad en el cuerpo. A veces me
resulta demasiado estresante intentar estar en calma.*

R: Suena muy bien cuando me oye decir: «Permita que la
respiración fluya con naturalidad»; pero luego, de repente,
entra «usted» en escena. Nos ocurre a la mayoría. El ego se
cuela y crea un melodrama. Decide que la respiración natural
tiene un «valor en efectivo», y quiere reconocimiento por ello:
«De no haber sido por mí –dice– no estarías respirando. Nos
iluminaremos juntos».

¿Qué hacer entonces? Si intenta usted controlar la respiración, eso significa un control añadido. Forcejea, y es agotador.
Pero recuerde que el método en sí es la sencillez absoluta.
Como ya me ha oído decir muchas veces antes de ahora –pero
vale la pena repetirlo–, usted se limita entonces a experimentar
el afán controlador que tiene la mente; ni entra en guerra con
ella ni intenta suavizarlo. En cuanto ve a la mente intentando
extender o retener la respiración, la respiración se calma por
el propio hecho de verlo.

Pero vamos a suponer que se le escapa ese momento de

atención plena y de repente le invade la ansiedad, o le provocan ansiedad mis palabras. Examinaremos esto con más detalle en la siguiente sección de estas enseñanzas, cuando practiquemos con la respiración y todas las expresiones del proceso cuerpo-mente. Ahora mismo, recuerde que en cuanto toma consciencia de la respiración, la respiración se calma. Ocurre espontáneamente, siempre que no añada usted más material innecesario. Poco a poco, a medida que se va desarrollando la consciencia de la respiración, el cuerpo se relaja. La calma es una consecuencia de tomar consciencia de la respiración.

● ● ● ●

P: Cada vez que la mente se calma y ralentiza, empiezo a adormilarme. Cuando ocurre, me hago volver a tomar consciencia de la respiración. ¿Forma esto parte de una buena práctica?

A: Sí, hace usted lo correcto. Estaba usted atento y luego se extravió. Ese momento ya ha pasado. En cuanto es consciente de su inconsciencia, vuelve a estar presente. Uno de los sentidos de la atención plena es recordarnos que volvamos al objeto de nuestra atención; en este caso, la respiración del cuerpo entero. Por eso lo llamamos una «práctica»: requiere paciencia, persistencia e interés genuino. Despierta usted, se duerme, se despierta, se duerme. Cada persona avanza a su ritmo. Los que se benefician de la práctica, como ya he dicho, son aquellos que no se desaniman. Como de costumbre, las instrucciones son simples: vuelva a empezar.

Recuerde también que muchos de ustedes tienen un condicionamiento muy fuerte que dice que la relajación disminuye el estado de alerta y que el estado de alerta va acompañado de tensión. Poco a poco, va aprendiendo que una mente relajada puede ser también una mente extraordinariamente alerta.

• • • •

P: A mí me enseñaron que debía observar las sensaciones sutiles en las fosas nasales. La consciencia de la respiración del cuerpo entero es una atención mucho más abierta, pero veo que sigo observando las sensaciones fuertes que aparecen en las fosas nasales.

A: Voy a hacerle una sugerencia. Cuando aprendemos una nueva técnica, sobre todo si se parece a otra que hayamos empleado en el pasado, nos encontramos con obstáculos; es posible que los métodos anteriores condicionen poderosamente la consciencia. Por favor, recuerde que no le estoy imponiendo nada, solo le sugiero que se entregue a esto por completo durante un período limitado.

Pruebe a tomar consciencia de la respiración en el cuerpo entero. Quizá le guste o quizá no. En el pasado, se estableció usted en las fosas nasales y es ahí donde la respiración es más vívida. Su mente dijo: «Me gusta este sitio», y usted se instaló en él. Si decide que prefiere la técnica anterior, las fosas nasales estarán esperándole encantadas.

• • • •

P: Al «instalarme», me concentro profundamente en una determinada sensación de la respiración y observo su naturaleza cambiante. Pero también soy consciente de los beneficios que tiene la atención al cuerpo entero y me veo ir venir de la una a la otra. ¿Qué me sugiere?

R: Dice usted que observa la naturaleza cambiante de la respiración. Eso nos lleva al cuarto fundamento de la atención plena, que es penetrar en la impermanencia de todas las formas. Es algo que puede observarse mientras se está atento a cómo la respiración surge, existe y desaparece. Puede usted utilizar cualquier objeto para aprender acerca de *anicca*, la impermanencia. Es una práctica excelente, pero ahora no es eso lo que más nos importa. ¿Puede esperar a que comencemos la segunda contemplación para recibir una respuesta más completa?

Sé que muchos de ustedes han trabajado con la respiración de distintas maneras. Todas y cada una de las dieciséis contemplaciones son importantes. Pero toda la literatura existente sobre el tema coincide en que esta es especialmente importante: «Sensible al cuerpo entero, el yogui inspira. Sensible al cuerpo entero, el yogui espira». Al mismo tiempo, no hay consenso sobre lo que significan estas palabras. Mi propio maestro Ajahn

Buddhadasa interpretaba que hacían alusión solo a las fosas nasales. Cuando le dije que para mí eso no tenía sentido, se rió. La daba igual. Y a mí también me da igual.

Si ve usted que tomar consciencia de la respiración en las fosas nasales le ayuda a calmarse y concentrarse, y no quiere probar esta forma de trabajar nueva y extravagante, me parece bien. Estoy a favor de todo lo que funcione. Ahora bien, quiero que entienda las ventajas de la atención al cuerpo entero, y eso solo puede aprenderlo poniendo en práctica el método. Así que repito una vez más: en vez de destacar la fuerza de una mente muy centrada, este método destaca la atención a los campos cambiantes.

• • • •

P: Hay un neurocientífico que escribe sobre el Zen y la plasticidad del cerebro. Él no recomienda practicar la consciencia de la respiración a aquellas personas que tienden a ser demasiado mentales –como es mi caso– porque es un método que estimula los nervios craneales. ¿Está usted de acuerdo?

R: Quizá le interese saber que los textos antiguos dicen todo lo contrario: dado que la respiración no tiene contenido, no alimenta el intelecto. Pero olvídese de nuestros ancestros, olvídese del neurocientífico y olvídese de mí. Recuerde únicamente que este estilo de enseñanza no es un sistema rígido. Enfatiza la flexibilidad.

Es posible que después de probar con seriedad el ser consciente de la respiración del cuerpo entero se dé cuenta de que estimula demasiado el pensamiento. Perfecto. Algunos yoguis que piensan demasiado durante la respiración natural no quieren dejar de practicar el método más formal de respiración que se enseña en el *Anapanasati Sutta*. Si este es su caso, puede darle a la mente algún pensamiento para que se entretenga (por ejemplo, contar, o usar las palabras *entrar* y *salir*) para hacer la transición a la consciencia de la respiración exenta de adornos.

Con el tiempo, cuando haya experimentado con diferentes métodos y profesores, sabrá finalmente cuál es la forma de practicar más eficaz para usted. No hay necesidad de plantearlo como un enfrentamiento entre el método X y el método Y. Las instrucciones básicas son simplemente que sea usted mismo, aquí y ahora, sentado, respirando y aprendiendo.

El caminar meditativo y las cuatro posturas

«Qué postura usar es decisión suya, pero esté continuamente centrado en la respiración. Si la atención se disipa, vuelva a ponerla en conocer la respiración. Esté haciendo lo que esté haciendo, observe cómo el aire entra y sale con cada inspiración y espiración y, al hacerlo, desarrollará consciencia plena y una actitud alerta –consciencia de la propia totalidad corporal– a la vez que es consciente de la respiración.»

UPASIKA KEE NANAYON, *Pure and Simple*

Desde los tiempos del Buddha, alternar las posturas de sentarse y caminar se ha considerado la estructura más efectiva para la práctica formal de la meditación. Hasta este momento, he centrado la atención solamente en la postura sentada. Vamos a expandir ahora el marco para incluir en él la meditación en movimiento, y también las posturas de estar de pie y tumbado. Voy a seguir centrándome en el método de consciencia de la respiración del cuerpo entero, pero, por favor, tenga presente que, al pasar a las otras dos fases –la respiración como ancla y el darse cuenta–, las directrices que hasta ahora ha seguido para la meditación sentada debe aplicarlas igualmente al caminar meditativo.

Estoy casi seguro de que cuando oye la expresión «caminar meditativo» instintivamente ve un cuerpo, o un grupo de cuerpos, que caminan en silencio a paso de tortuga. No es una casualidad que se le venga a la mente esta imagen. Cuando se empezó a enseñar vipassana en Occidente en la década de los 1970, se practicaba de dos formas, una procedente de Thailandia y la otra de Myanmar. El método de Mahasi Sayadaw, de Myanmar [entonces Birmania], fue inicialmente más popular, e incluía varios estilos de caminar meditativo que enfatizaban todos ellos la importancia de hacer movimientos muy lentos. Las instrucciones principales eran mover el cuerpo lenta y atentamente, acompañándolo de notas mentales como «elevar, mover, colocar».

Este tipo de movimiento lento y cuidadoso es un método inestimable y contribuye a desarrollar una percepción enormemente concentrada y precisa. A esto se debe que la mayoría de los practicantes hayan llegado a la conclusión de que la meditación en movimiento consiste en dar pequeños pasos muy lentamente. Desde tiempos remotos hasta el día de hoy, tácitamente, «lento» suele equiparse a «espiritual», mientras que el paso «rápido» o incluso «natural» se considera mundano. Es lógico, claro, porque si todo el mundo camina a paso natural un día cualquiera, ¿cómo podría ese movimiento tan familiar y ordinario ser espiritual? Solo la lentitud forzada, deliberada, distinta por completo de como nos movemos normalmente, puede calificarse de ejercicio meditativo especial y genuino.

¿O no?

Cuando estuve en Corea en un retiro zen de tres meses, había veces en que permanecíamos sentados cincuenta minutos, y luego alguien hacía sonar una claqueta. Al oír el entrechocar de los dos trozos de madera, de inmediato nos levantábamos de los cojines y corríamos con atención plena durante diez minutos. Cuando la claqueta volvía a sonar, reanudábamos la meditación sentada. Esta alternancia entre estar sentados y el movimiento rápido continuaba durante períodos de tiempo variables.

En Thailandia, los meditadores suelen caminar con atención plena hacia delante y hacia atrás a ritmo natural por un sendero de veinte o treinta pasos, recitando un mantra como *«buddho»* («¡despierta!») o contemplando un tema, como la consciencia de la muerte. Cuando el famoso maestro thailandés Ajahn Chah vino al centro de Meditación de Visión Penetrante de Barre, Massachusetts, y vio por primera vez a una gran multitud de practicantes caminando muy despacio, al estilo Mahasi, paró a unos cuantos yoguis y les dijo, con simpatía pero también con una mirada traviesa: «Espero que te cures de tu enfermedad y puedas volver pronto a casa».

En otra variante que aprendí cuando practicaba en el monasterio de Ajahn Maha Boowa, en un bosque al noreste de Thailandia, se me indicó que pusiera la mano derecha sobre la izquierda delante de mí mientras caminaba, en vez de dejar colgar las manos o llevarlas enlazadas a la espalda. Fue un buen consejo para enfatizar una clara determinación a enfocar la mente en caminar.

Pero cuando yo enseño meditación en movimiento, animo a los practicantes a dejar que los brazos se balanceen con naturalidad a los lados del cuerpo, como haríamos en un paseo ordinario. ¿Por qué? Porque creo que es importante transmitir el mensaje, aunque sea a través de pequeños detalles, de que un paseo puede ser una excelente práctica del Dharma si va acompañado de un sensible estado de alerta. Todo esto forma parte del estimulante y desafiante programa que ayuda a que la práctica de un yogui pase, de ser una idea y una técnica, a convertirse en una forma de vida.

¿Se da usted cuenta de que lento significa simplemente lento? ¿De que natural es simplemente natural, e incluso rápido es solo rápido? Es la calidad de la mente que acompaña al movimiento lo que hace de caminar a *cualquier* velocidad una práctica del Dharma. Pregúntese: ¿está presente la mente observadora mientras el cuerpo va desde aquí hasta allí?

Al caminar a paso natural, ya sea en la sala de meditación o en casa, extiende usted al movimiento lo que hace cuando está sentado en el cojín o en la silla. Las instrucciones siguen siendo las mismas: habita la totalidad del cuerpo con atención, tanta como sea posible, y siente las sensaciones que provoca la respiración allá donde las sienta. También en este caso practica el arte de permitir. El cuerpo está relajado, y a medida que la respiración fluye con naturalidad, la recibe usted allá donde la respiración haga sentir su presencia. Aprender esta forma, relativamente sencilla, de caminar a paso natural con atención plena es un avance de las incontables maneras en que la práctica de la atención plena se puede incorporar a cada aspecto de la vida.

En los retiros, animo a los yoguis a caminar a paso regular, tal vez con un poco más de brío que en casa o en la calle. Definitivamente, no es caminar despacio. Se trata solo de caminar, lo cual suena bastante fácil, ¿verdad? Porque ¿qué podría interferir en ese movimiento tan simple y exento de esfuerzo? Habitualmente, por supuesto, son los pensamientos y emociones los que entran en escena y le separan a usted de la relación íntima con su experiencia directa del cuerpo que respira en movimiento. Al igual que cuando está sentado en el cojín, la mente tiene licencia absoluta. No está restringida por el tiempo ni el espacio. No tiene vergüenza, y hará lo que se le antoje.

Puede que al espectador que observa le dé a usted la preciosa imagen de ser una persona plenamente atenta a cada movimiento, pero es muy probable que, mientras camina alrededor de la sala de meditación, la mente le asalte una y otra vez con pensamientos y planes. Tal vez se pregunte qué servirán para el almuerzo o si se le ha olvidado hacer alguna llamada importante.

Cuando eso sucede, la práctica consiste sencillamente en regresar, una y otra vez, a la integridad del compromiso total con la actividad de caminar con atención plena. A menudo, las sensaciones respiratorias pueden ser muy sutiles, y la mente tiene que refinarse más o empezará a divagar y a enredarse en pensamientos y emociones. Si esto ocurre, vea cómo la mente se separa de la actividad de caminar y se va a otro sitio. No entre en lucha. No está usted en guerra con el pensamiento ni con ninguna producción de la mente.

El hecho de ver que no está plenamente presente suele bastar para corregirlo. Entonces está usted plenamente presente de nuevo en el movimiento del cuerpo. En esta forma de práctica, lo mismo que estando sentado, la intimidad no se puede forzar; sobreviene de forma espontánea al percatarnos de su ausencia. Solo puede usted ayudar con delicadeza a la mente a regresar al cuerpo que respira y al movimiento, una vez, y otra, y todas las que sean necesarias.

Si practica esta forma de meditación con un grupo, necesita dedicar un poco de energía a prestar atención a la persona que está delante de usted. Pero, por lo demás, su atención es íntima, igual que cuando camina solo. Este no es el momento de convertirse de repente en decorador de interiores y quedarse fascinado con cómo está diseñada la sala de meditación, o en diseñador de moda, interesado por la forma de vestir de todos los practicantes, o en un botánico atento a los helechos y plantas que tiene a su alrededor.

Al igual que en todas las formas de práctica, la clave está en permanecer despierto. La consciencia no está nunca limitada a un determinado momento, lugar o postura, ni tampoco lo está la respiración. Allá donde esté usted, la respiración está presente. Si no respira es que está muerto. La atención plena, la respiración y el movimiento suceden dentro del mismo lapso de tiempo. ¿Puede ser usted lo bastante sencillo y estar lo bastante alerta como para conocer este suceso unitario tal como es?

Al ir tomando usted más conciencia del cuerpo, el cuerpo se lo agradece. Empieza a estar usted más conectado y la mente y el cuerpo se integran, en vez de ir cada uno en una dirección distinta. He descubierto que, en la vida cotidiana, se ha convertido en algo natural que mientras camino la mente esté alerta y atenta a los movimientos del cuerpo, incluso aunque esté al mismo tiempo hablando con un amigo o montándome en el autobús; y la experiencia es la misma cuando camino por un paraje natural, un bosque o una carretera rural. Es más, el cuerpo disfruta cuando mantiene esa relación íntima con esta actividad. Es una forma sana de vivir. Estamos más vivos cuando el cuerpo y la respiración se impregnan de la energía de la consciencia.

Todos los métodos de caminar meditativo tienen, desde luego, sus beneficios y limitaciones. Una interesante práctica de caminar despacio que aprendí en el Soto Zen consiste en levantar el pie al inspirar y bajarlo al espirar. De este modo, la consciencia de la respiración está sincronizada con el caminar. Esta clase de movimiento deliberado y preciso, lo mismo que otras técnicas de caminar lento, favorecen la concentración y pueden resultar muy útiles sobre todo cuando la mente está inquieta o hiperactiva. Sin embargo, no es fácil transferirlas a la vida cotidiana. Si no me cree, pruebe a andar con esa lentitud por una calle o en el trabajo…, quizá le lleven escoltado a un hospital psiquiátrico o a comisaría. La ventaja del caminar natural, en cambio, es su simplicidad y naturalidad. Y puesto que, mientras se dedica usted a sus quehaceres, camina a diario tanto de puertas adentro como en el exterior, esta forma de caminar se transfiere muy fácilmente a la vida que transcurre fuera de la sala de meditación.

Hace unos años aprendí una práctica sencilla y muy útil del maestro de meditación camboyano Ajahn Mum. Era un profesor rudo, por decirlo con suavidad. Cuando lo conocí, le pregunté si era un monje del bosque –«del bosque» es la expresión que suele definir al verdadero monje contemplativo, frente al erudito o aquel a quien interesan mayormente los ritos y rituales–. Me miró atentamente, sabiendo a la perfección cuál era la intención de la pregunta, estiró las piernas para que le viera la planta de los pies y dijo: «Todos los bosques de Thailandia y de Camboya están grabados en estos pies». Nos reímos, y trabajamos juntos en armonía durante los dos años siguientes.

Al cabo de un tiempo, le pregunté por una práctica denominada «nivelar las posturas». Equivocadamente, yo había
entendido que consistía en realizar cada una de las cuatro posturas –estar sentado, caminando, tumbado y de pie– durante la
misma cantidad de tiempo. Primero se rió, y luego me enseñó
la esencia de esta forma de practicar la atención plena sugi-
riéndome que me retirara y a lo largo de un día entero fuera
pasando por cada una de las posturas. En vez de atenerme a
un período de tiempo determinado, sin embargo, me dijo que
trabajara basándome en la intuición.

Seguí sus instrucciones, y fue magnífico. El tiempo que
asignaba a cada una de las posturas no lo marcaba el reloj, sino
yo. Esto significa que estaba en una postura, sentado, por ejemplo, una hora; luego, caminaba durante diez minutos, estaba de
pie veinticinco y quince tumbado. Practiqué así durante todo
un día hasta bien entrada la noche, dejando algo de tiempo para
comer e ir al baño. En cada ciclo de cuatro posturas, variaba
la cantidad de tiempo que dedicaba a cada una.

¿Por qué pasaba de una postura a otra? No podía evitar ver
con claridad lo que pretendía con ello y qué me motivaba a
hacerlo. ¿Estaba practicando con destreza? ¿Era la pereza lo
que me movía? ¿Cambiaba para escapar de una emoción dolo-
rosa que estaba a punto de aflorar? Comprendí que la atención
plena es independiente de la postura, el momento, la situación
o el lugar. *Siempre* estaba a mi disposición. Siempre. ¡Qué
liberación!

La enseñanza de Ajahn Mum me dio una comprensión

mucho más profunda de cómo el propósito de la respiración consciente es hacernos despertar a todos los aspectos de estar vivos. Esto ha permitido que yo y muchos otros hayamos comprendido que la meditación puede ser una forma de vida, y no una simple serie de técnicas reservadas para ciertas posturas y lugares calificados de «espirituales».

¿Qué se hace en cada postura? Ahora mismo, practique la atención plena a la respiración del cuerpo entero. Luego, practique las posturas con la respiración como ancla y el darse cuenta. A medida que la práctica va madurando, la forma de trabajar empieza a fluir sola: a veces hará uso de la respiración para tener calma y estabilidad, otras veces dejará de tomar consciencia de la respiración e irá pasando a su propio ritmo por cada una de las cuatro posturas.

Cuando esté de pie, le sugiero que cierre los ojos. Habrá personas a las que esto pueda causarles cierta inestabilidad o incluso ansiedad, así que experimente hasta encontrar la manera precisa en que disponer las piernas y el peso del cuerpo para que su distribución sea uniforme. Esto le permitirá asentarse en una postura que le resulte estable y equilibrada. Al mismo tiempo, recuerde que la respiración está siempre a su disposición como amiga y ancla. En la postura tumbada, quizá al principio encuentre una fuerte tendencia a quedarse dormido, pero con la práctica, el cuerpo aprenderá a estar totalmente relajado en esta posición mientras la mente permanece alerta y despierta.

Como parte de este trabajo de autodescubrimiento, quizá vea que ciertas posturas le resultan más fructíferas que otras.

Hay quienes tienen una mayor inclinación a estar sentados, y por tanto podrán permanecer mucho más tiempo en esta postura al hacer las rotaciones. A otros les resultará más beneficioso caminar. Todas las posturas desempeñan un papel, pero la contribución que hacen es reflejo de la naturaleza de cada individuo. Y, por supuesto, las preferencias cambiarán con el tiempo.

Querido yogui, un día de estos dedique una mañana a rotar intuitivamente por cada una de las cuatro posturas usando la atención a la respiración del cuerpo entero (y más adelante, también la respiración como ancla y el darse cuenta). Cuando vea que está distraído, simplemente vuelva a la respiración una y otra vez. Es una práctica informe e invisible que no depende de estar en un lugar determinado. Espero que este descubrimiento sustancial, que ha significado tanto para mí y para muchos yoguis, le ayude a transformar una vida mayormente condicionada e inconsciente en una plenamente despierta. Recuerde, *Buddha* significa alguien que está plenamente despierto, vivo y que es libre. Fíjese: un simple paseo, la cosa más natural, ¡puede despertarle!

2. La respiración como ancla

«En la meditación budista, la observación penetrante está basada en la no dualidad. Por tanto, no vemos en la irritación (por ejemplo) a un enemigo que viene a invadirnos […]. Gracias a esta manera de ver, no tenemos necesidad de combatir, expulsar o destruir la irritación. Cuando practicamos la observación penetrante, no erigimos dentro de nosotros barreras entre lo bueno y lo malo y nos convertimos así en un campo de batalla […]. La alumbramos (nuestra irritación) con la luz de la consciencia al inspirar y espirar con atención plena. A la luz de la consciencia, la irritación poco a poco se transforma […]. La energía de la irritación puede transformarse en una clase de energía que nos sustente.»

THICH NHAT HANH, *Breathe, You Are Alive*

En la primera modalidad de consciencia de la respiración del cuerpo entero, prestábamos atención exclusiva a las sensaciones que acompañan a la respiración. A medida que la capacidad de tomar consciencia de la respiración va cobrando estabilidad, empieza a crearse una relación de intimidad con el cuerpo y con la respiración que confiere a la mente una mayor calma, claridad y paz. Comienza a arraigar la confianza y convicción en la verdad de la enseñanza del Buddha. La mente está ahora más preparada para iniciar el segundo aspecto del método condensado: aprender a desarrollar una visión penetrante, o meditación vipassana.

Al comenzar este segundo paso, la respiración sigue siendo un ancla, un punto de apoyo. Cuide de que sea ligero, no uno al que esté rígidamente atado. Como en la primera contemplación, relájese a la vez que permanece alerta. Aparte de la respiración, este segundo modo de apertura no tiene ningún plan…, nada salvo lo que la vida presente.

Recuerde, ha estado aprendiendo a permitir que la respiración fluya con naturalidad, sin imponerle un modelo, forma o ideal. Ahora, con el mismo *arte de permitir*, se abre a su propia vida, a su experiencia, y observa cómo todo se revela. Mientras está sentado, la totalidad del proceso mente-cuerpo va exponiéndose entre respiración y respiración, y usted lo ve surgir y desvanecerse, ir y venir. Está aprendiendo a perfeccionar el arte de ver, que es ecuánime, que no reacciona ante lo que ve…, un espejo reluciente que refleja con exactitud cualquier cosa que se le ponga delante.

¿Puede aprender a acoger con imparcialidad todo lo que emerja, ya sea el deseo de cambiar de postura, un recuerdo de una discusión acalorada con su pareja, o incluso el propio silencio? Como estamos acostumbrados a tener proyectos y metas concretos, quizá le cause desazón estar sentado con lo que quiera que aparezca. Cuando ocurra, vea simplemente lo que hay: desazón. Cuando sienta que le gustaría que el profesor le diera unas directrices específicas a las que atenerse, vea entonces ese anhelo…, no las palabras, sino la cualidad de la mente que anhela.

Todos los seres humanos experimentamos los mismos estados mentales que vienen y van, una y otra vez, pero está usted aprendiendo a relacionarse con ellos de una manera particular: está receptivo a ellos sin juzgar, interpretar ni explicar nada.

Las instrucciones para este segundo modo son, como ve, muy sencillas. Pero son implacables. No cabe la distracción, puesto que cualquier cosa que suceda, *es* lo que es. Las mismas emociones que vea en la meditación sentada –ya sean apacibles, ansiosas o estén llenas de duda– le ofrecen el material perfecto para la práctica. Lo que surja variará de un momento a otro, pero la respiración se mantiene constante. Incluso cuando aparece una energía muy intensa, como la del sentimiento de soledad o la agitación, la respiración sigue estando presente…, quizá en segundo plano, sin hacerse notar, *inspirar-espirar*, *inspirar-espirar*, mientras la consciencia está mayormente involucrada en el sentimiento de soledad o lo que quiera que de forma natural haya cautivado la atención.

En este método, aprovechamos la constancia de la respiración. Es un hecho tan obvio, y sin embargo la mayoría solemos olvidarlo. Estas son las palabras del monje birmano Webu Sayadaw enseñando este mensaje a un grupo de yoguis:

–¿No espiran todos ustedes? –preguntó Sayadaw.

–Claro que sí, señor –respondieron.

Continuó Sayadaw:

–¿Cuándo empezaron a inspirar y a espirar?

–Cuando nacimos, señor.

–¿Inspiran y espiran cuando se sientan erguidos?

–Sí, señor.

–¿Y cuando caminan?

–También entonces inspiramos y espiramos, señor.

–¿Respiran cuando comen, cuando beben, cuando trabajan?

–Sí, señor.

–¿Respiran cuando duermen?

–Sí, señor.

Finalmente, Sayadaw preguntó:

–¿Hay algún momento en que estén tan ocupados que tengan que decir: «Lo siento, ahora no tengo tiempo de respirar. Estoy demasiado ocupado»?

Los monjes respondieron:

–No hay nadie que pueda vivir sin respirar, señor.[*]

Claro que es un truismo que ninguno podemos vivir sin respirar. Pero ¿puede usted aprovecharlo, valerse de él para que le ayude en la vida contemplativa? Cuando está sentado y utiliza la respiración como ancla, esta permite que la atención sea

---

[*] Webu Sayadaw, *The Way to Ultimate Calm: Selected Discourses* (Sri Lanka: Buddhist Publication Society, 1992), pág. 80-81.

más panorámica y abierta. Le ayuda a mantenerse despierto, a afinar la atención, le calma, y reduce el pensar innecesario. Más adelante hablaré de cómo a partir de cierto momento su vida contemplativa tal vez ya no necesite usar la respiración como ancla. Ese es el tercer paso para el despertar, un método al que llamo «darse cuenta». Por ahora, sin embargo, si decide practicar el segundo paso, la respiración enriquecerá y sustentar su viaje a la sabiduría.

El arte de estar sentado con una atención abierta no es fácil de aprender. Nos pide que miremos simplemente lo que hay. Se ha pasado usted la vida entera *no* queriendo mirar muchas de las cosas que hay presentes en su vida. Ahora oye a un profesor de meditación decir: «Esto es maravilloso. Esta es la manera de ser libre», y las palabras le resultan inspiradoras, pero a pesar de todas sus buenas intenciones de sentarse y practicar, descubre en sí mismo un rechazo a este método de meditación.

Puedo garantizarle que cuando se siente a practicar, no todos los estados físicos y emocionales que surjan serán de su agrado. Sobre todo si es la primera vez que practica este método, quizá no quiera mirar de frente los más intensos o violentos, como un dolor punzante, un hondo pesar o el miedo. No se preocupe. Se sienta usted en la silla, el banco o el cojín, pasa a este segundo modo de apertura y descubre que no puede hacerlo. Lo intenta, pero se le nubla la mente, entra en conflicto: analiza, explica en términos psicológicos y rumia todo lo que va apareciendo. Quizá dé usted vueltas y vueltas, sumido en el pensamiento, diseccionando lo que ha sucedido esta mañana en el trabajo o lo que podría suceder esta noche.

Otras veces, lo que ocurre en la mente –recuerdos o emociones– se vuelve abrumador. Como tal vez su atención no tenga aún la calidad suficiente como para afrontar estas actividades mentales de un modo productivo, se apoderan de usted. A veces le parece que se va a ahogar en ellas.

En ambos casos, tanto si se queda atrapado en el pensamiento como si la emoción se apodera de usted, puede ser prudente volver a prestar atención exclusiva a la respiración y practicar el primer método, la atención plena a la respiración del cuerpo entero. Desarrollar la capacidad meditativa sirve también para saber qué puede y qué no puede asumir. Si surge una emoción como el sentimiento de abandono y no está preparado para ella, no le queda otro remedio que aceptar que es así. Dele las gracias y despídase de ella. Pero sepa lo que está haciendo. Ni está negándose a admitir que ese sentimiento existe ni lo está reprimiendo. La respuesta más bien sería: «¡Cuidado! Esto es un alud de soledad, o de elucubraciones sobre la soledad, y ahora mismo no sé cómo hacerle frente». En ese momento, lo indicado es que sencillamente vuelva a la respiración. *Inspirar-espirar*, *inspirar-espirar*. Y quizá terminar la sesión de esa manera.

A veces al volver al primer método, de atención plena al cuerpo entero, bastan unas pocas respiraciones para que la mente se estabilice de nuevo. Entonces regresa usted con dignidad al campo de atención libre y, acompañado de la respiración, puede ser consciente de los estados físicos y mentales que van apareciendo y desvaneciéndose. Pero, como sabe, en esta práctica no puede dormirse en los laureles. En la siguiente sesión, tal vez haga el mismo número de respiraciones y se sienta invadido por la agitación o el remordimiento. Todo es sencillamente lo que es en cada momento. Por desgracia, no hay un timbre que suene indicando «No estás listo para vipassana». Saber cuándo practicarlo es un aspecto de conocerse a sí mismo. Yo no puedo darle más que unas indicaciones orientativas; una vez que usted está ahí, es una cuestión a la vez de ingenio y de pragmatismo. Incluso si ayer pudo practicar sin problemas con una atención abierta, si hoy descubre que no puede, es prudente e inteligente volver al primer modo, de atención plena a la respiración del cuerpo entero.

Y ahora quiero añadir unas palabras de advertencia para todos los que recorremos este camino. A veces los practicantes me dicen: «Vale, entiendo lo que dice, pero creo que necesito practicar dos o tres años más antes de poder mirar de frente la ira, el sentimiento de soledad y todas esas emociones tan intensas». El problema es que si pospone usted indefinidamente la práctica de la atención abierta, corre el riesgo de no hacerlo nunca. Llevado al extremo, si se aparta demasiado rápido de los estados dolorosos que surgen inevitablemente, esto podría acabar fortaleciendo los hábitos o patrones que evitan observar la mente en el momento presente. Y si nunca mira de frente lo que está sucediendo, nunca va a liberarse de ello. Incluso la concentración en la respiración puede utilizarse indebidamente como vía de escape de alta categoría.

En otras palabras, cuando practica usted solamente el primer método de consciencia de la respiración, durante un tiempo le servirá para conseguir un estado más apacible. Pero si limita la práctica a este método, la calidad de su vida no va a cambiar de un modo sustancial, puesto que sigue usted sin afrontar la fuente del sufrimiento. La práctica de vipassana es una práctica de sabiduría cuyo propósito esencial es la liberación, erradicar de la mente el sufrimiento. Y esa erradicación es resultado de ver con precisión las cosas exactamente como son.

¿Se acuerda de que en el primer método subrayaba las artes de permitir y recibir? Entonces estaba usted aprendiendo a dejar que la respiración ocurriera sin ejercer fuerza ni control sobre ella y a permanecer plenamente presente para recibirla..., no para aferrarse a una respiración «ideal» ni para precipitarse en pos de ella. Al cultivar esta actitud de permitir y recibir la respiración, estaba también preparando la mente para que pudiera afrontar con más pericia visiones mucho más espinosas, como la ira o el miedo.

Al mismo tiempo, permítame repetir, y esto es de especial relevancia si es usted principiante o está atravesando una situación difícil: cuando se encuentre ante una emoción demasiado abrumadora o pensamientos que se repiten sin fin, quizá muchas veces necesite volver al primer paso de este proceso, que es la atención exclusiva a la respiración. Es comprensible. Incluso después de la plena iluminación, el propio Buddha se reservaba un tiempo de retiro personal para practicar la atención plena a la respiración, a la que llamaba «jubiloso morar en el aquí y ahora».

Cuando se sienta y respira, practica usted el primero de los cuatro fundamentos de la atención plena, o primer *satipathanna*: atención plena al cuerpo en el cuerpo. Suelo describirlo, más sucintamente, como cultivar la intimidad con el cuerpo y la respiración, sin juicios ni análisis.

Vamos a aplicar ahora la práctica de la consciencia de la respiración del cuerpo entero al segundo fundamento de la atención plena, que es la observación de los *vedanas*, termino pali equivalente a «sentimientos» o «sensaciones». En esta enseñanza, los *vedanas* no son sinónimo de emociones; son más bien las sensaciones agradables, desagradables o neutras resultantes del contacto inmediato a través de cualquiera de las puertas de los sentidos. En las enseñanzas del Buddha, hay seis fuentes de contacto con la vida sensorial o el sentimiento: ver, tocar, oír, saborear, oler y la mente, que se considera también una puerta sensorial.

Algunas partes de los textos budistas hablan de los *vedanas* como los factores determinantes del comportamiento humano. Cuando algo es agradable, tendemos a querer aprehenderlo, aferrarnos a ello o desear que se repita. Esto es lo que pasa cuando probamos un bocado de un pastel de chocolate, apartamos el plato porque no queremos comer más, y nos descubrimos luego acercando el tenedor para partir un trocito más, y luego otro. Al final, nos zampamos la ración entera. Esta falta de consciencia que caracteriza a los *vedanas* suele arrastrarnos a buscar compulsivamente sentimientos placenteros uno tras otro. Y la respuesta puede ser igual de compulsiva o mecánica cuando no tenemos consciencia de las sensaciones desagradables que nos invaden, solo que en este caso tendemos a distanciarnos de ellas o a eliminarlas.

Hace unos años, en un retiro que dirigí en una zona rural, unos trabajadores que estaban arreglando un viejo edificio llenaban el aire del ruido estrepitoso de sierras y martillos. Los yoguis estaban furiosos. Muchos llevaban tiempo ahorrando y habían tenido que reorganizar sus vidas para asistir. Era comprensible que desearan estar en una atmósfera bucólica, con un suave zumbido de insectos y el canto de los pájaros. Al ver que las quejas iban en aumento, consulté con la oficina. Luego le dije al grupo que a aquellos participantes que quisieran volverse a casa se les reintegraría el dinero. Los que se quedaran, si querían, podían aprovechar aquellas condiciones inesperadas como práctica.

No se fue nadie. Les sugerí a los yoguis que prestaran atención a las sensaciones desagradables que surgieran en ellos al oír los ruidos, y a sus cómplices, el enfado y la aversión. Con cuidada atención, muchos yoguis empezaron a percatarse de que la reacción de la mente a los sonidos estaba relacionada con ellos, pero era posible diferenciarla de los sonidos en sí. Cuando se oían con la mente clara y atenta, los sonidos eran simplemente un *bang*, *iiii*, *pum*. Muchos de los practicantes notaron que las sensaciones desagradables iban disminuyendo y hasta desaparecían del todo, permitiéndoles estar en paz con los sonidos tal como eran: *bang*, *iiii*, *pum*. Afortunadamente, las obras duraron poco. Pero la práctica de «oír en lo que se oye solo lo que se oye» tuvo un profundo efecto en muchos de los participantes a lo largo de todo el retiro.

Por último, en este segundo fundamento de la atención plena, están las sensaciones neutras. Con frecuencia, cuando se experimentan esta clase de sensaciones, hay una tendencia a quedarse dormido o a llenar la mente de proyecciones u otras fabricaciones mentales. Muchos no se dan cuenta de la parte neutra tan grande que hay en su vida. Piensan que no está pasando nada. Pero sí está pasando: un sentimiento neutro. Ponga esto a prueba en su vida y vea qué sucede cuando se percata de ello. ¿Tiende la mente a llenar el tiempo y el espacio de jugosas fantasías o planes o preocupaciones?

Cuando se siente y respire conscientemente, preste atención a todo su cuerpo y, al mismo tiempo, a las sensaciones que de inmediato le parezcan vívidas o definidas, o ni lo uno ni lo otro. Luego mire a ver si son agradables, desagradables o neutras. No pase mucho tiempo deliberando; percátese simplemente de la reacción inicial obvia. Enfoque la consciencia en esa parte del cuerpo. Tal vez se dé cuenta de que el tobillo derecho está un poco tenso, y eso crea una sensación desagradable, o de que las manos están relajadas, distendidas, y es agradable la sensación que eso produce. Aparecen sentimientos y sensaciones de este tipo constantemente, pero solo cuando les presta atención durante la meditación entra usted en una dimensión ligeramente distinta y se sensibiliza a si esa sensación es agradable, desagradable o neutra en el cuerpo. Cuando advierte, por ejemplo, las sensaciones que le llegan del tobillo o de las manos, puede que cambien o pierdan intensidad. O puede que no. Esté donde esté localizada la sensación, sepa si es agradable, desagradable o neutra.

Cuando la percepción que tiene de los *vedanas* es débil, o no la tiene en absoluto, puede desencadenarse una sucesión de acontecimientos que desemboquen en ansia, aversión o delirio. Por eso las enseñanzas suelen denominarlas «el eslabón débil en la cadena de la causalidad». Con la práctica, cuando se empieza a ser más consciente del sentimiento en el momento que sucede, esa consciencia disipa la energía de los *vedanas*; rompe el vínculo establecido entre los sentimientos y las aversiones, deseos y delirios que ocasionan sufrimiento.

Es posible que haya períodos mientras está sentado practicando en que pueda observar con detalle y desarrollar una consciencia de esas sensaciones y sentimientos en la respiración, o lo que se denomina *vedana upasana*. A menudo, la inspiración y la espiración tienen cada una de ellas tonos de sentimiento radicalmente distintos, que pueden ser agradables, desagradables o neutros. Como ya he comentado, el simple hecho de ser conscientes de la respiración mientras va haciéndose más estable y uniforme puede generar un sentimiento de paz o incluso de éxtasis. Las sensaciones al respirar pueden ser suaves y delicadas, y extender una corriente de calidez al cuerpo entero: maravilloso. El problema empieza cuando se aferra usted a ellas. Suele ocurrir que, si se queda enganchado a las sensaciones agradables de la respiración y de cualquier otro sitio del cuerpo, quiera hacer de ellas su hogar permanente, o al menos prolongarles la vida. Pero ¿qué ocurre cuando pasa la «fecha de caducidad» y espera usted que la siguiente sesión esté todavía más llena de paz que la anterior…, y entonces no consigue encontrarse ni las fosas nasales?: ¡sufrimiento!

Otras veces, la respiración puede ser tan desagradable –se abre paso a trompicones para entrar, se abre paso a trompicones para salir– que la mente se resista a prestarle atención. Sentado con esa respiración escandalosa, se dice a sí mismo: «No me gusta mirar esto. No está siendo una sesión de meditación apacible y amena». Ahora el desafío es ver si la mente puede permanecer estable, despierta y clara incluso en mitad de las sensaciones más desagradables. La respiración, que antes había usado usted como ancla, se ha convertido ahora en el problema.

Algunos practicantes dan por hecho que para afrontar este reto necesitan aprender una técnica o un método nuevos. Pero no es así. El mensaje sigue siendo el mismo: vea la aversión y vea también la ausencia de ecuanimidad. La ecuanimidad llegará al observar la consciencia de la respiración tal como es en este momento: no ecuánime. Ver esto le ofrece la comprensión valiosísima de que la mente es capaz de observar sus propias limitaciones. Es decir, la consciencia ve que está teñida por la aversión, el deseo o la ignorancia. De la imprecisión, nace un ver preciso. Y cuando sucede, está usted de vuelta en la práctica.

Descubrirá que, a medida que la consciencia se fortalece, cada vez es usted más capaz de recibir de un modo no reactivo lo que quiera que suceda. La mente aprende a mantenerse clara y firme aun en medio de sensaciones oscilantes, ya sean agradables, desagradables o neutras.

Por favor, tenga presente mientras examinamos los cuatro fundamentos de la atención plena que estoy explicándolos en orden lineal. El lenguaje, sobre todo el lenguaje escrito, tiene sus limitaciones. Nos impone un orden secuencial que no necesariamente se refleja en la realidad. La experiencia que tenga usted sentado en el cojín o en la silla no estará tan minuciosamente ordenada, ni su práctica estará sujeta a una transición rígida entre el primero y el resto de los cuatro fundamentos. Es frecuente que los cuatro fundamentos de la atención plena se presenten al mismo tiempo. Las instrucciones son trabajar con lo que aparezca de forma más vívida, momento a momento, y seguir desarrollando una mente estable y nítida que permanezca con lo que la vida presente. Entender que el lenguaje escrito tiene sus limitaciones dará mayor fluidez a la práctica.

Vamos a examinar ahora el tercer fundamento. Estando sentado y respirando, contempla usted con mirada directa el interior de la mente sin juzgar la calidad de los estados mentales que surgen y se desvanecen. En este caso, está aprendiendo una enseñanza fundamental del Buddhadharma: a conocer e investigar los *kilesa* y su ausencia. Los *kilesa*,* los tres venenos mentales, son la codicia, el odio, el pensamiento ilusorio y sus variantes.

---

* *Kleśa* en sánscrito. (*N. de la T.*)

Vamos a suponer que surge un torrente de miedo. Recuerde, no es la palabra *miedo* lo que aparece, sino la energía en sí que usted denomina *miedo*. El cuerpo entero y el sistema nervioso experimentan esa energía. Cambia el ritmo cardíaco, la propia respiración, la postura, la mente. Todo se tiñe de miedo.

Cuando surge, parece que vaya a durar para siempre; puede dar la sensación de ser igual de colosal, inamovible y permanente que una montaña. Pero al mirar el miedo con más atención, la energía cambia momento a momento. Quizá alcance un punto álgido y luego empiece a disiparse. A veces erupciona otra vez. El patrón que adopta no es constante ni predecible, pero, tarde o temprano, si se presta atención plena a este estado mental con la respiración como ancla, la energía se debilita.

Atención plena, consciencia, observación directa… no son solo palabras sino formas de energía. Cuando es usted consciente, cuando advierte el miedo y lo alumbra con la luz de la consciencia, la energía del ver entra en contacto con la energía del miedo y lo transforma. Respiración a respiración, cuando practica de esta manera, el miedo acaba por desaparecer.

Esta es la dinámica cambiante de la energía. La potente energía de la consciencia transforma la energía helada a la que llamamos miedo, y esa energía entonces se libera y está a su disposición. Una ancestral imagen de la tradición china Chan equipara la mente ordinaria al hielo y la mente despierta, al agua.

Si continúa practicando, con la respiración como ancla, experimentará un cambio cada vez más radical en su forma de afrontar la vida. Quizá por primera vez vea que ya no se siente impotente ante los estados mentales que inevitablemente surgen. Tiene usted cuanto necesita para responder a cualquier desafío que la vida le presente. Ahora sabe por experiencia que, cuando afloran emociones que en un tiempo le aterraban, es posible transformarlas..., incluso aunque al principio le parezcan montañas inamovibles. Y la razón por la que se pueden transformar es que se pueden *observar*. Está usted mirando de frente el contenido de la mente.

Con la práctica, la calidad de esa observación y atención puede llegar a ser la de una llama imperturbable e inextinguible, más fuerte que nada que pueda presentársele..., incluida la energía de sus miedos más atroces. Como explicaré en el siguiente capítulo, esta práctica transformadora no está limitada a la meditación formal; puede transferirse a cualquier momento de la vida cotidiana. Desde luego que la confusión, el temor o el enfado pueden seguir apareciendo mientras está sentado practicando; pero si ocurre, serán mucho más benignos. Quizá llegue el día en que reciba a la ira, por ejemplo, diciéndose simplemente: «Ah, aquí viene la ira». Es mucho menos abrumadora porque va acompañada de una observación consciente, que le quita a esa energía gran parte de su potencia. En este estadio, la ira es ya un tigre que se ha ido debilitando y ha perdido los dientes. Usted sabe que el tigre está enfadado, y no pasa nada.

Hace muchos años, trabajé con Sayadaw U Pandita utilizando el método birmano de tomar notas mentales de todo lo que ocurría durante la meditación formal. La mente se me volvió cristalina. Empezaba a tomar nota mental de algo y las palabras se me desintegraban. Fui a ver a Sayadaw y le dije:

–Me acuerdo de tomar nota mental de lo que surge, pero, en cuanto empiezo a tomarla, la oigo y es una insustancialidad. Y se desintegra.

Se puso muy contento.

–Estupendo –me dijo. Y me preguntó–: ¿Qué aprendes de eso?

La pregunta me desconcertó y no sabía qué responder. Así que habló por mí:

–Que el pensamiento está vacío, que es insustancial. Ves la verdadera naturaleza del pensamiento.

Observar y entender la naturaleza del pensamiento es otro aspecto del tercer fundamento de la atención plena. Cuando practicamos la meditación vipassana utilizando la respiración como ancla, empezamos a ver que los pensamientos tienen tanto poder sobre nosotros porque, como ocurre con la ira y el miedo, nos identificamos con ellos. Tomemos como ejemplo un pensamiento muy simple que suelen experimentar a menudo aquellos que empiezan a meditar: «Soy un meditador nefasto. No valgo para esto. Me resulta imposible; nunca conseguiré adiestrar a esta mente enloquecida». Bueno, si lo hace usted «imposible», lo que tiene es eso: «imposible». ¡No lo haga nada! Es lo mejor.

O quizá en el momento de sentarse, produce un pensamiento sobre la iluminación: «Estoy a años luz de ella. A mí no me puede suceder. A todos los demás que hay en la sala, sí, pero a mí no». Cuando surge ese pensamiento, normalmente uno se lo cree y se identifica con él: «Sí, es verdad. No valgo para nada. Nunca me voy a iluminar». En vez de identificarse con él, préstele atención y vea que un pensamiento es simplemente un pensamiento. ¿Lo sabía? No es más que eso, tiene la misma solidez que un mensaje de humo escrito en el cielo.

Al ir avanzando en la práctica, observando los pensamientos que surgen igual que antes observaba las emociones intensas, acaba por comprender que los pensamientos no tienen poder intrínseco. Percibe su naturaleza vacía. Hasta los más repetitivos y compulsivos, lo mismo que las emociones fuertes, acabarán por debilitarse y desaparecer.

Al principio, no obstante, se aferra usted a los pensamientos…, y descubre que pueden embaucarle hasta decir basta. Pero si no se desanima, la perspicacia que va desarrollando empieza a discernir la diferencia entre cuándo va usted montado en un tren de pensamientos y cuándo está de pie en el andén viendo cómo el tren pasa de largo. Cuando la mente se estabilice, pruebe este método: «En esta sesión, según inspiro y espiro, solo voy a observar a la mente, voy a verla fabricar pensamientos».

A la luz de la consciencia, los pensamientos desaparecen. Empieza usted a vivir cada vez más desde ese lugar que es capaz de ver con claridad, y no desde un lugar que da total autoridad al ámbito del pensar. Este es un paso de gigante hacia la liberación.

Cuando llega al cuarto fundamento de la atención plena, con la mente y el corazón más afianzados en la consciencia y la comprensión, contempla la esencia de la enseñanza del Buddha, el Dharma. Gracias a una instantánea comprensión directa, penetra en la legitimidad de la impermanencia y el desapego, o *anicca*, de su pariente próximo el «no yo», o *anatta*, y del sufrimiento que inevitablemente nace de no ver estas verdades, o *dukkha*.[*]

Sentado con la respiración, abierto a todo, se percata de que la vida está compuesta de formas cambiantes. Ver desde dentro con total claridad la naturaleza cambiante de todas las formas –de *todas*– tiene una relevancia sustancial para su práctica de meditación vipassana. Ve la ley de la impermanencia en acción, independiente del contenido: en acción mientras el cuerpo está sentado, en acción en la mente, en acción en el universo. Al parecer, así es la vida. Ve cada vez con más claridad que los pensamientos vienen y van, que el cuerpo experimenta cambios constantes, que ningún estado de ánimo perdura, que las actitudes mentales fluctúan exactamente igual que el tiempo atmosférico. Se siente feliz y luego desgraciado; se llena de optimismo y luego tiene una visión negativa de todo; primero hay demasiado ruido, luego demasiado silencio.

En algunos monasterios budistas, se deja que las ofrendas de flores depositadas en el altar se marchiten un poco –y a menudo, bastante más que un poco– porque el no retirarlas de

---

[*]   En sánscrito: *anitya, anatman* y *duhkha*. (*N. de la T.*)

inmediato ofrece una enseñanza. ¿Qué pasa cuando vemos la impermanencia de una flor recién cortada? Una reacción podría ser tomar la determinación de no volver a comprar nunca más flores cortadas porque se nos mueren. Otra, comprar flores de plástico o de tela. Pero una alternativa mejor es disfrutar de la belleza de las azaleas blancas o los crisantemos mientras están vivos. Eso sabe usted hacerlo. No cae de rodillas al suelo haciendo aspavientos y gimiendo de dolor por la muerte de las flores. Ha aprendido a disfrutar de ellas mientras duran, y a entender que cuando se mueren, se mueren.

Cuando se tiene una comprensión penetrante de la impermanencia, aunque se empiece por algo tan simple como una flor, con el tiempo esa comprensión se extiende a lo que podríamos llamar los asuntos importantes de la vida. Todos vamos a envejecer. Todos vamos a enfermar. Todos vamos a morir. No hace falta decir que le cuesta a usted mucho asimilar esto. Ya no se trata de las flores, sino de *usted*. Pero al ir comprendiendo cada vez con más claridad la inconstancia e insustancialidad del mundo que le rodea, empieza a observar cómo actúa esa misma ley natural en su persona. No es un concepto intelectual. De hecho, en la auténtica comprensión penetrante el pensamiento no interviene en absoluto. Es una experiencia directa que penetra hasta la médula, sin la menor separación entre lo que usted sabe y lo que es.

Al igual que la práctica de sentarse y respirar le ayuda a ver cómo todo surge y se desvanece, quizá le ayude también a aceptar con más tranquilidad la naturalidad del cambio y lo mucho que forma usted parte de la naturaleza. Aquí no hay excepciones. Esta visión clara y precisa de la impermanencia le ayuda a su vez a entender una de las enseñanzas más preciosas del Buddha: no tiene sentido apegarse a nada en este mundo inestable e incierto. Aferrarse o apegarse a algo supone únicamente un choque frontal entre lo que usted quiere ser y cómo son las cosas en realidad. Dicho de otro modo, engendra sufrimiento. Al comprender esto, descubre la libertad de soltarse de los apegos. Querido amigo o amiga, espero con todo mi corazón que la práctica le lleve a esta fuente de verdadera felicidad interior.

No hace mucho, un alumno me contó que según contemplaba la impermanencia de su vida se dio cuenta de que añoraba cambiar de profesión, dejar de ser técnico informático y hacer algo que fuera de mayor utilidad social. Al ir creciendo ese anhelo, empezó a atormentarle la confusión acerca de la naturaleza precisa de la dirección que tomaría su futuro.

En términos de práctica, esta experiencia de incertidumbre podría traducirse por «*Estoy* confundido». Pero nuestra práctica no es dejar que la confusión nos confunda, sino verla como un estado mental centrado en sí mismo: la mente habitual que ha generado la confusión intenta resolver el problema que ha creado. Es obvio que la única esperanza de auténtica solución que tenemos está en desarrollar una visión clara y nueva. Una mente estable y sosegada está en mucho mejores condiciones para responder a la cuestión de un cambio profesional… o a cualquier cuestión que surja. Recuerde, ¡nadie tiene por qué dejar que la confusión le confunda! La confusión es un simple estado mental. La consciencia nunca se confunde: es un espejo impecable que refleja la confusión, pero la confusión no lo distorsiona.

Fue un gran alivio para el alumno entender la enseñanza. Aunque seguía sin estar seguro de cuál era su vocación, el peso añadido de la «confusión» desapareció.

¿Se acordará de esa claridad si la confusión reaparece en una sesión futura? Desgraciadamente, la mayoría la perdemos o la olvidamos. La mente insiste una vez más en que «estoy» confuso, y cuanto más nos identificamos con ello, más fuerza cobra. Pensamos: «*Me* abruma la decisión que debo tomar sobre mi futuro». Y al identificarnos con la confusión, fortalecemos también el sentimiento del *mí*, de *mi yo*. La mente y el cuerpo amplifican entonces el sentimiento de un *mí* desconcertado y angustiado. Quizá, como parte de ello, siento que soy un meditador confuso, que no tengo remedio.

Una vez más, está usted de vuelta en el proceso del «yo» y lo mío. No me cansaré de repetirlo, porque, en última instancia, este apego a *mí* y *lo mío* es, atendiendo al Buddhadharma, la causa principal del sufrimiento. Ya sabe usted de qué hablo, porque, como la mayor parte de la raza humana, se identifica con casi todo lo que le sucede. Cuando se sienta y respira, se identifica con sus estados de ánimo, por más que vayan saltando salvajemente de un lado a otro del espectro, de la felicidad a la desesperación. Se identifica con las más diversas imágenes de sí mismo, desde la de gran hombre o mujer de ciencia hasta la de padre o madre incompetente.

A mi entender, en la práctica contemplativa la renunciación suprema es renunciar a esta tendencia a identificarnos con todo como si fuera *a mí* o *mío*. Mi familia. Mi identidad de persona espiritual. Mi sincera indignación ante la injusticia. Mi huerto. ¡Todo es tan personal! Tradicionalmente, en círculos religiosos, renunciación significa abandonar aspectos como el sexo, el dinero, la comida más allá de lo estrictamente necesario y las posesiones. Pero estas prácticas externas no son de por sí un fin; están pensadas para ayudarnos a reducir la tendencia a pasarnos la vida al servicio del «yo». Ahora bien, se puede vivir en un monasterio haciendo una sola comida al día y seguir siendo egocéntrico, lo mismo que se puede tener un amplio guardarropa y vivir en una casa elegante y ser libre. Fui testigo de un ejemplo vivo de esto cuando estuve practicando Zen en Corea. De cuando en cuando, un abogado de prestigio, vestido con elegancia, llegaba al monasterio con su esposa y sus hijos. Se inclinaba ante los monjes y ellos se inclinaban ante él. Era un hombre despierto, alegre y afectuoso al que todos los monjes reconocían y trataban como a un auténtico maestro zen.

Tenemos que entender a lo que nos enfrentamos. La autocomplacencia es listísima e increíblemente sutil. A este respecto, nunca encontrará usted a nadie más astuto que usted mismo. Hay aproximadamente siete mil millones deególatras en la Tierra, y muchos más en camino. Es una de las razones por las que el planeta está en el estado en que está. ¡Lo asombroso es que sigamos aquí!

Cuando ve la legitimidad de la impermanencia, del «no-yo» y del sufrimiento que subyacen al proceso mente-cuerpo como un todo, uno puede relacionarse con la vida como es... y relacionarse consigo mismo exactamente como es. Es una experiencia directa que va ganando profundidad a medida que desarrollamos la facultad de prestar plena atención a lo que quiera que suceda, porque esa es nuestra vida en ese instante.

El acto de ocuparse del momento presente entraña una energía dinámica que de modo gradual y natural le impulsa a usted en la dirección de la consciencia plena: sentarse y respirar y saber. Disfrute del espectáculo (aunque al principio quizá le cueste). Vea cómo viene y va, nace y muere, aparece y desaparece. Es toda una producción.

Es cierto que la respiración contribuye de un modo inestimable a establecer la atención plena, ¡pero no sea un fanático de la respiración!; sería contraproducente. Como explicaré en el capítulo siguiente, lo importante es que, a medida que la práctica va desarrollándose y ahondando, su hogar empieza a ser la consciencia, que está atenta a todo y lo ve todo. Detecta y ve incluso la renuencia a sentarse a practicar *anapanasati*, o cualquier clase de disciplina. No pasa nada. En un momento, estará tan enamorado de la meditación formal que quizá planee un viaje a Thailandia para hacerse monje o monja. Diez minutos después, erupciona la agitación, y piensa: «¿Asia? Lo que quiero es salir de aquí y comerme una pizza».

La mayoría conocemos estos cambios de sentimiento extremos con respecto a la práctica. No desaparecen; lo que cambia es la relación que tenemos con ellos. Una vez que hemos desarrollado cierto grado de consciencia, recibimos la aversión a la práctica con la misma ecuanimidad que recibimos la devoción por ella. Cuando hace poco una yogui se quejaba de las distracciones que aparecían cuando estaba sentada meditando, y me dijo que eso la dejaba hecha una mierda, le dije: «¿Y qué tiene de malo la mierda?».

No entre usted en guerra con nada que surja en la mente. Pero si lo hace, tiene entonces el material ideal para la práctica: la agitación y el dinamismo de la guerra interior.

Tal vez llegue un momento en que descubra que ha dejado de separar el primer y segundo pasos de la consciencia de la respiración del cuerpo entero. Muchos grandes profesores consideran que la distinción entre *samatha* (una calma concentrada) y *vipassana* (la visión penetrante directa) es artificial –aunque inestimable en diversos momentos de la práctica–. Como dice Hui Neng, maestro del budismo Chan, en el *Sūtra del Estrado*:[*] «*Shamatha* y *vipassana* son como una lámpara y su luz. Si hay una lámpara, hay luz; sin lámpara, hay oscuridad. La lámpara es el cuerpo de la luz; la luz es la función de la lámpara. Aunque los nombres sean dos, en esencia son lo mismo».

Permítame terminar este capítulo con la historia de una

---

[*] Texto fundamental del budismo Chan –la escuela budista china que cristalizó en Japón con la denominación Zen– expuesto por Hui Neng (638-713) y recogido por Fa Hai, un discípulo de su linaje. (*N. de la T.*)

yogui que me enseñó la profunda sutileza que caracteriza los pasos del método de consciencia plena de la respiración. Tristemente, sufría de cáncer de garganta en fase bastante avanzada. Empezó utilizando la respiración como ancla, siguiendo las instrucciones generales que he enseñado en este libro, y descubrió que el interés natural que despertaba en ella la naturaleza impermanente de la respiración le ofrecía el método de trabajo más valioso. Así que nos quedamos con el primer paso y lo adaptamos para que la atención de esta yogui se centrara por entero en la inestabilidad y en la longitud y cualidad cambiantes de cada inspiración y espiración. En otras palabras, aunque el primer paso suele emplearse mayormente como una práctica de *samadhi*, o concentración, puede ser también una práctica de visión penetrante o sabiduría. La esencia de *vipassana*, o visión penetrante –la consciencia de la naturaleza impermanente de todas las formas–, se convirtió así en la puerta del Dharma para esta yogui, que usaba la inspiración y la espiración simplemente para ver esa esencia en funcionamiento.

Como el final estaba tan cerca, y su práctica de ver la impermanencia se había estabilizado, le sugerí que emprendiera una práctica extremadamente difícil: el *Maranassati Sutta* («Consciencia de la muerte»). Tras una oleada inicial de terror, fue capaz de observar la respiración mientras era consciente de que su vida pendía de un hilo: si no llegaba una inspiración después de la espiración presente, dejaría de vivir. La intensidad de esta práctica le dio sabiduría y paz antes de morir. Nunca antes había trabajado así con nadie ni lo he hecho desde entonces.

Como ve, el método de dos pasos de la respiración consciente tiene como único límite el nivel de creatividad que tengan usted y sus profesores. Al igual que toda meditación, tiene el propósito de ayudarle a usar sus experiencias y su comprensión de un modo que les sea útil a usted y a la vida, y de ayudarle a desarrollar una mente atenta que tenga auténtico interés en aprender a vivir y a morir con sabiduría y compasión.

Llega un momento en que deja de haber un «usted» que vea; solo hay ver. La energía del ver es entonces como una llama que despoja de poder a lo que quiera que esté ante ella.

• • • •

P: Aunque estaba muy tranquilo cuando he entrado a la sala de meditación, en cuanto me he sentado en el cojín, la respiración se ha desestabilizado y he empezado a sentir una oleada de ansiedad.

R: Recuerde que no se trata de intentar ajustar la respiración a ningún modelo ni ritmo. La respiración es sencillamente como es, y usted la usa ahora como ancla para que le ayude a mirar de frente estados mentales como la ansiedad. Mucha gente tiene la idea de que la respiración es una técnica solo para conseguir calma y concentración, pero usted la practica para que le ayude a prestar atención a lo que quiera que surja. El Buddha enseñaba a practicar la consciencia de la respiración para favorecer la visión penetrante, además de para calmar la mente. Dado que la respiración está con usted en todo momento y le acompaña a cada paso del camino, puede ayudarle a abrirse a la vida y a ver cómo reacciona la mente a todo lo que encuentra.

• • • •

P: ¿Puede aclarar en qué se diferencia enfocar la atención, estar concentrado, de la práctica más abierta de la atención plena?

R: A veces, si se concentra exclusivamente en una parte del cuerpo –por ejemplo, las fosas nasales–, se queda tan absorto en el cuerpo y la respiración que no oye el tráfico de la calle. Hay profesores y alumnos a los que les atraen estos estados de absorción. A un nivel profundo, reciben el nombre de *jhanas*. En algunas escuelas de meditación, están clasificados por estadios, entre los que a menudo se incluyen estados de dicha, paz y beatitud. Cuanto más se profundiza, más prolongada es la ausencia de distracciones, y la mente adquiere gran claridad, estabilidad y fuerza. Pero durante estas absorciones, las aflicciones que perturban al corazón quedan suspendidas solo temporalmente; una vez que «salimos» de los *jhanas*, ahí están, pacientes, esperándonos.

No es esta la dirección que nos interesa ahora mismo. Se dirige usted a *vipassana*, que es una práctica de sabiduría, y la sabiduría abarca una experiencia más extensa, de su vida entera, y comprende cómo desarraigar las fuentes de sufrimiento. Obviamente, es esencial tener un nivel adecuado de sosiego, pero no es necesario que sea tan concentrado como en las prácticas de absorción.

Este es un cuento indio muy famoso que ilustra la distinción sobre la que pregunta. Había un rey, ya anciano, que era ejemplo de gobernante laico a la vez que un gran yogui. Para entender esta combinación tan inusual, un súbdito le pidió permiso para estudiar con él. El rey accedió, y a continuación le dio al hombre instrucciones de que se colocara una olla de aceite caliente sobre la cabeza y recorriera todas las habitaciones de palacio sin derramar una gota.

El hombre terminó la tarea e informó de su logro.

–¡Magnífico! –dijo el rey–. Ahora, ¿puedes contarme lo que se cuece en palacio…: las intrigas políticas, golpes de Estado, enredos amorosos, conspiraciones para asesinarme?

El alumno contestó que había estado demasiado concentrado en no derramar ni una gota de aceite como para observar lo que tenía alrededor. Así que el gran rey dijo:

–Ahora ponte la olla de aceite en la cabeza, paséate por el palacio, no derrames ni una sola gota y ven a contarme todo lo que pasa.

• • • •

P: Después de usar la respiración para alcanzar una considerable estabilidad mental, ¿debo usarla como telón de fondo de todo lo que surja?

R: Mientras investiga el método de ser consciente de la respiración en el cuerpo entero, le sugiero que tenga en mente la respiración. Por supuesto, en el segundo paso deja usted de concentrarse en la respiración de ese modo y la usa como ancla que le ayude a estabilizar la atención. Con la respiración y la consciencia sucediendo al mismo tiempo, observa con minuciosidad el proceso mente-cuerpo y el surgimiento y disipación de todas las formas.

Pero la decisión no es arbitraria; requiere ingenio y perspicacia. Tiene que ser usted cada vez más su propia guía. Volvamos al ejemplo de la ansiedad. Se sienta usted en el cojín o en la silla y, de repente, la respiración es desagradable o incluso difícil de percibir. No luche por captar las sensaciones de la respiración. Recuerde que hay una diferencia entre centrarse en la respiración, como se indicaba en el primer paso, y este segundo método, que consiste en ser consciente de la respiración mientras está atenta a lo que ocurre de forma vívida en el momento, en este caso la ansiedad. Es posible que la respiración no sea accesible en determinado momento. No se preocupe: volverá a entrar en su campo de consciencia.

Si deja de centrarse en la respiración y mira directamente la ansiedad, tal vez descubra que la consciencia puede estar plenamente atenta sin necesidad de usar la respiración como ancla. Diez minutos después, si quiere, puede volver a la respiración, y le ayudará a investigar la naturaleza de la ansiedad.

Ninguna opción dura para siempre. A base de practicar estos dos pasos –o, en realidad, todos los métodos que quiera–, acabará por aprender a confiar en su ingenio e intuición. Con paciencia y honestidad, elegirá lo correcto, basándose en lo que personalmente le resulte eficaz.

• • • •

P: Veo que cuando estoy agitado, la mente se precipita en cascada, fuera de control. Pero si estoy abatido o nervioso y presto atención a la respiración en el cuerpo durante solo unos momentos, eso hace que la consciencia entre en el cuerpo y cambia por completo la respuesta emocional.

R: Sí, así es como ha de ser. Acuérdese de lo que decíamos sobre el *Kalama Sutta*; de esto habla. Está usted aprendiendo los beneficios por experiencia propia, ¡no los toma prestados del Buddha! Descubre que cuanto más encarna el momento presente, menos a merced está de la irrupción de sentimientos o estados mentales. De hecho, lo que hace es cortocircuitar la fantástica imaginación de la mente y la habilidad que tiene para arrastrarle a una realidad alternativa.

Además, empieza a conocer el cuerpo desde dentro, como campo de energía. Se hace más sensible a él. La enorme inteligencia del cuerpo se ha quedado atrofiada por el mal uso que hemos hecho de él o por haberlo descuidado. La consciencia de la respiración en el cuerpo entero, y también usar la respiración como ancla, le ayuda a establecer una relación más íntima con el cuerpo, y esto es beneficioso para su salud física tanto como lo es para la práctica de visión penetrante.

• • • •

P: Mientras estaba sentada hace un momento, muy concentra-da, me ha invadido una tremenda oleada de tristeza. Quería librarme de ella saliendo a dar un paseo, con este día tan bueno.

R: ¡Bienvenida a la raza humana!

• • • •

P: Me quedé quieta con la tristeza, y pasó. Pero sentía una terrible aversión por ella.

R: No pasa nada. Esta práctica tiene infinidad de matices. Si observa con claridad, ve que la aversión es una reacción a la tristeza. La consciencia le ayuda a ver y a aprender que mirar un estado mental para librarse de él condiciona la visión. La aversión es un *kilesa*, una aflicción emocional que nubla la consciencia a menos que se dé usted cuenta de lo que está sucediendo.

Voy a hacerle una sugerencia. Si sigue poniéndole a algo el rótulo de «tristeza, tristeza, tristeza», la palabra en sí puede convertirse en un fuerte condicionante. Es como echar queroseno a una hoguera, crea una conflagración. Así que deseche la palabra y mire únicamente la energía de eso a lo que llama tristeza. Siéntala en el cuerpo al inspirar y espirar. Perciba su expresión más sutil en la mente. Si aparece la palabra, observe cómo elabora la mente una etiqueta o una explicación verbal de lo que está sucediendo. Y esa etiqueta no es neutral, no es la etiqueta de un tarro de mermelada de naranja. Ciertas palabras, como *miedo* o *soledad* o *tristeza*, están cargadas de prejuicios y tienen mucha fuerza. Intente ver sin palabras…, lo que aquí llamamos *ver con claridad*; ver sin más propósito que el propio ver. Sin pedir nada a cambio. Sin esperar que pase nada a continuación. Solo eso.

● ● ● ●

P: Hace poco soñé que mi padre moribundo estaba ya metido en un ataúd. Hoy mientras meditaba, ha vuelto a asaltarme el espanto que sentí al ver esa imagen. Antes de este incidente, la meditación era apacible; ahora tengo miedo de lo que pueda surgir mientras estoy sentada tranquilamente.

R: Empiece por observar esta energía del miedo y, al mismo tiempo, sepa que su amiga la respiración está siempre con usted para ayudarla. Está claro que todo el mundo quiere estar contento y en paz. Puede usted elegir llevar la olla de aceite sobre la cabeza y recorrer el palacio con porte tranquilo. Pero si elige la dirección de la sabiduría, va a tener que aprender a mirar la vida de frente tal como es momento a momento. La meditación es como la vida. A veces la invaden una gran alegría y plenitud, a veces un gran desengaño y miedo. Simplemente le mostrará lo que haya.

• • • •

P: ¿Puede explicarnos con más detalle cómo lidiar con el miedo? A muchos de nosotros se nos presenta de forma recurrente.

R: Este es uno de esos casos en que es de una gran ayuda practicar en grupo, porque de ese modo se alientan unos a otros a hacer algo que normalmente no querrían hacer. Llegará un momento en que vean que el miedo, la preocupación o el dolor por la muerte de un ser querido no son malos. ¿Por qué? Porque forman parte de la composición de la vida.

Intente examinar el miedo con mirada nueva. Verá que la mente no quiere cooperar. Dice: «¡No lo soporto!». A veces ve el miedo crecer igual que una planta en la tierra fértil de los pensamientos acerca del futuro. Pero es posible adoptar una postura radicalmente nueva: el miedo forma parte de la vida, forma parte del mundo natural. No es extraño ni invasivo. Es similar a las tormentas, los árboles y los terremotos. Acuérdese de que en la enseñanza del Buddha, la naturaleza y la mente son una. Cuando siente usted verdadero interés por la vida en todas sus manifestaciones, incluida la del miedo, le infunde a ese sentimiento consciencia y claridad…, y se libera entonces una energía formidable.

Está aprendiendo a mirar al miedo de frente. Es un arte nuevo, todo un desafío. La mayoría de la gente se pasa la vida intentando eludir ciertos estados mentales. ¿Sabe cuánta energía le roban a usted los miedos, las aversiones y los escapes que no se atreve a examinar? Cuando se abre a ellos, esa energía que estaba aprisionada se libera. La vida se hace más espaciosa. ¿Puede imaginar cuánto de la vida está distorsionado porque no ha afrontado usted el miedo, cuánta creatividad no llega a expresarse porque tiene miedo de fracasar?

• • • •

P: Cuando surgen dificultades, usar la respiración tiene un efecto calmante. Me ayuda a tolerar mejor las sensaciones de dolor cuando estoy sentado. Eso significa que estoy poniendo una meta al proceso: uso la respiración para sentirme mejor. ¿Perjudica esto a la práctica?

R: Por favor, no sea tan duro consigo mismo. Acaba de describir un uso apropiado de la respiración: tiene un efecto calmante y puede ayudarle a adentrarse en el valle de las emociones aflictivas. El uso que le da es eficaz, sano... ¡y legal! Pero tiene usted razón: en sentido estricto, esa no es una práctica de sabiduría, porque cuando no afronta lo que está sucediendo en el momento presente, no puede ser libre. Es cierto que la concentración le lleva temporalmente a un estado mental más apacible, claro y armonioso... Pero la visión penetrante arranca el problema de raíz.

Necesita investigar si retornar a la respiración es una manera recurrente de evitar lo desagradable... ¿O es una «retirada táctica»?, por usar una metáfora militar. Un buen general sabe cuándo retirarse, para proveer a las tropas de ropa seca, descanso y comida caliente y que puedan ser más efectivas cuando retornen al frente. Como meditador, ¡es usted el general, las tropas y el enemigo! La elección de método es un arte, no una ciencia.

Voy a repetir la advertencia que he dado antes: como en cualquier técnica de concentración, la respiración puede servir de vía de escape de primera categoría. Cuando se tiene una larga experiencia, puede ser tan fácil como apretar un botón. «¡Aquí llega el terror!: cambiar a canal de respiración». Cuando esto ocurre, es porque no ha afrontado usted el miedo; el miedo simplemente había quedado en suspenso. Pero permítame también repetir: ya la use para calmarse o como apoyo para investigar los estados mentales, la respiración consciente es una gran aliada.

• • • •

P: ¿Podría ayudarme a encontrar un punto de partida para afrontar la intensa ira que surge cuando estoy sentado en el cojín?

R: Hay quienes le dirán que si la ira que siente es tan feroz y abrumadora debería mirarla de frente, y luego valerse de algún antídoto como el amor incondicional. O volver a concentrarse en la respiración. Pero el método que estoy enseñando en esta segunda contemplación le insta, como usted sabe, a ser consciente de lo que quiera que surja y usar la respiración como ancla.

Cuando la energía del ver entra en contacto con la energía de eso a lo que usted denomina «ira», la ira pierde su potencia. Rompe usted la identificación con el «yo» que está iracundo o se siente atacado; renuncia a la tendencia a identificarse con la ira. En vez de *Estoy furioso*, empieza a ver que la ira surge, y es un elemento más de la naturaleza, de la naturaleza humana, como el sentimiento de soledad o la alegría. Cuando lo ve, elimina la toxicidad de esa emoción.

Esta es la práctica de sabiduría que he compartido con usted a lo largo del libro: el ver directo. Está usted aprendiendo a usar la respiración como ancla que le ayude a mantenerse estable y en calma en medio de la tormenta, incluso la que desatan los más tiránicos estados mentales. Esté preparado para que en ocasiones las aguas le arrojen contra la costa o le arrastren los vientos. Pero con el tiempo, la consciencia puede ser como una llama mucho más fuerte que nada que se le ponga delante. Con práctica, es algo que puede usted aprender.

• • • •

P: Así que, si la ira aparece, ¿uno simplemente se queda ahí sentado y la mira?

R: No se queda *simplemente ahí sentado*. Le presta plena atención a la ira, atención total. No hay separación entre la ira y usted. La experimenta de lleno, sin apartarla de sí.

Pero no quiero hacer de esto una fórmula, un medio para alcanzar un fin: «Si mira de frente la ira, conseguirá librarse de ella». Tengo que usar palabras, pero en la práctica del ver puro no hay otro motivo que el ver. Esa es su fuerza. Si dirige usted la atención, como si fuera un rayo láser que emplea para destruir la ira, esa motivación debilita el poder del ver directo.

• • • •

P: Pero yo creía que usted había dicho que, cuando surgen los sentimientos, hay que prestar atención a las sensaciones del cuerpo y no añadirles ningún pensamiento ni ponerles nombre. ¿He entendido mal?

R: Un poco. Deje a un lado la palabra «ira» o «miedo» o la que sea. Mire la energía, no la palabra. La gente habla de localizar la energía en el cuerpo. Pero no está solo ahí; está también en los pensamientos y emociones. Recuerde, la enseñanza del Buddha está referida a la totalidad del proceso cuerpo-mente.

• • • •

P: Así que, cuando habla usted del ver con claridad, ¿están incluidos en él los pensamientos, las imágenes visuales…?

R: Lo que quiera que haya. El contenido no importa, lo que importa es *ver* como si fuéramos un espejo, reflejarlo todo: el cuerpo y el ámbito entero de la experiencia humana. La cuestión es no alimentar los pensamientos o sentimientos o enredarnos en ellos, porque entonces ya no estamos meditando, sino pensando o analizando. Todos ustedes son expertos en la introspección crónica. En las percepciones directas, penetrantes, no hay ningún pensamiento. Ninguno. Es una simple visión cristalina. Una mente que está en paz puede estar vacía o pensar cuando es necesario…, la quietud permanece intacta.

• • • •

P: A veces pierdo los estribos. Tuve una discusión con un compañero de trabajo, y la imagen se repetía noche tras noche mientras meditaba. Al final, entendí cuál había sido mi parte en todo ello y los errores que había cometido. La meditación pareció extraer el veneno del incidente. ¿Forma eso parte de la meditación de visión penetrante?

R: Lo que hizo está bien, porque la experiencia dejó de ser para usted una fuente de sufrimiento. No la alimentó. Esta es una forma de percepción interior reflexiva, que es hacer un sabio uso del pensamiento. Supongamos que su compañero y usted riñeron por algo. Se acabó, el mal ya está hecho. Durante la meditación, tuvo destellos de comprensión instantánea de su comportamiento. Quizá sintió remordimiento por haber ofendido a su colega. Si sigue practicando, tal vez empiece a ver que este es un estilo habitual de relacionarse que ya no le sirve.

Admitió usted su error, se arrepintió y aprovechó la reflexión como una oportunidad de aprender a vivir. Si no somos capaces de admitir nuestros errores, ¿cómo puede emerger y florecer la sabiduría?

Sin embargo, no es esta la verdadera esencia de *vipassana*, que significa visión clara y penetrante. Al ir creciendo la capacidad de ver con claridad, descubrimos que dependemos cada vez menos de un tipo de pensamiento, sea cual sea, ni siquiera de las reflexiones útiles como esta. Una mente clara es una forma de inteligencia no conceptual que puede responder con sabiduría a cualquier situación en el momento en que se presente.

3. Darse cuenta

«Soltarse de las formas es confiar en la inmediatez del darse cuenta. El darse cuenta es real. No es abstracto. No es un mero concepto que tengo y que no comprendo de inmediato; es más como el espacio que hay en esta habitación y las formas que hay en el espacio. Son lo que son. Y ya no voy pasando de un objeto a otro diciendo: "Esto me gusta; aquello no", sino que admito que a todo lo que hay en este espacio le corresponde estar aquí en este momento. Da igual que tenga o no tenga mi aprobación o que sea bueno o malo. Si está aquí, así es como es; y esto es aprender a confiar en el darse cuenta, que no tiene preferencias ni elige. Es darse cuenta sin elección.»

AJAHN SUMEDHO

En este capítulo, vamos a investigar el inmenso significado que tiene, cuando estamos sentados, no utilizar ya la respiración como ancla, sino «atender de continuo a la mente pura y simple», como nos indica que hagamos el maestro de meditación thailandés Upasika Kee.

Pero ¿por qué dejar de lado la respiración cuando le ha atribuido un papel tan prominente en estas páginas hasta ahora? ¿Qué significaría abandonar la respiración y «solo» observarse directamente a sí mismo?

En los métodos que hemos explicado en los capítulos 1 y 2, ha visto cómo tomar consciencia de la respiración en el cuerpo entero ayuda a la mente a calmarse y estabilizarse; y cuando el cuerpo se siente más cómodo gracias a la energía de la respiración que fluye en él, y más «plantado», es capaz de permanecer sentado períodos de tiempo más largos. Al observarla más prolongadamente, la respiración se calma; y puesto que la respiración condiciona al cuerpo, también el cuerpo está más inclinado a relajarse. Puede usted decir que «ha encontrado la postura», un lugar de residencia más estable desde el que observar y examinar en su totalidad la naturaleza cambiante del proceso mente-cuerpo. Lo hace sin juzgar ni analizar nada de lo que aparece en la mente. Y al practicar este modo de apertura y libre atención, cuenta también con el apoyo de la respiración como ancla.

En mi práctica de meditación formal, después de años de beneficiarme de este método de consciencia de la respiración, me descubría una y otra vez en una mente espaciosa y silenciosa, vacía y en paz. Esa mente, libre de conceptos y rebosante de una sutil energía de vida, me asombraba…, era para mí totalmente nueva. Seguir dirigiendo la atención deliberadamente a la respiración me parecía superfluo, innecesario.

Ni siquiera fue que abandonara la respiración. Sería más

exacto decir que la respiración me abandonó a mí. Si la respiración hablara, quizá me habría dicho: «Puedes seguir usándome de ancla si quieres, pero en realidad no es esencial, ¿verdad?». Al ir atenuándose el esfuerzo por estar plenamente consciente, la *no acción* se reveló como un curso de acción más natural. Me fui entregando poco a poco a la práctica de reconocer y estabilizar este descubrimiento, a reposar en él y dejar que trabajara en «mí».

¿Por qué lo hice? ¿Por qué debería hacerlo usted? ¿Hemos terminado ya con la consciencia de la respiración? ¿Nos hemos desviado del Buddhadharma? Tras mucho reflexionar, y gran angustia a veces, comprendí que para mí esta era la culminación de todo lo que la había precedido. Era expresión única de una herencia del Dharma en la que estaban incluidos muchos grandes maestros, enseñanzas y años de práctica. La llama del darse cuenta era cada vez más mi hogar. El amor a ver y aprender de lo que se ha visto, tanto en el interior como en el exterior, era la única inspiración que necesitaba. Y así ha seguido siendo hasta el día de hoy.

Pero, por favor, entienda que mi experiencia no es resultado de un curso de evolución inevitable. No es una forma de meditación que determine una trayectoria rígida. Dada la cantidad de años que había estado auténtica y sinceramente comprometido con *anapanasati* como práctica completa del Dharma, dejar de usar la respiración como apoyo de la consciencia supuso un intenso proceso de cuestionamiento, una auténtica crisis.

Además de lo que aprendí de mis investigaciones, a lo largo de los años había oído hablar a muchos otros yoguis que practicaban la consciencia plena ayudándose de la respiración y habían llegado a una conclusión parecida. Por supuesto, cada uno había llegado a ella por un camino distinto, pero, para la mayoría de ellos, había sido una progresión natural, no una disciplina que hubieran estudiado.

Hago hincapié en esto porque las enseñanzas proponen gran abundancia de métodos que hacen uso de la respiración. La mayoría de los estudiantes de vipassana se adentran en el Dharma por la puerta de la respiración consciente, que es también la forma común en muchas otras meditaciones budistas. Con frecuencia, la respiración consciente se limita a una manera sencilla y natural de desarrollar *samadhi* –concentración– y luego se abandona. Pero como he explicado en los capítulos anteriores, quienes practican *anapanasati* usan la respiración para favorecer un estado de calma *así como* una visión penetrante del nacimiento y muerte de todas las formas. Algunos practicantes, con toda probabilidad un número mucho menor, siguen atentamente las directrices de las dieciséis contemplaciones consecutivas que se describen en el *Anapanasati Sutta*, y que usan la respiración consciente como parte de una práctica que conduce al pleno despertar.

Aun así, recuerde el hecho obvio de que, mientras esté vivo, la respiración estará con usted, y esto incluye, por supuesto, el tiempo que pasa sentado meditando, sea cual sea el método que utilice. A veces, en mi caso, las sensaciones de la respiración son bastante vívidas, ¡por la sencilla razón de que han recibido años de atención especial! Además, hay situaciones concretas en las que deliberadamente recurro a la consciencia de la respiración. Cuando estoy en la cama enfermo, por ejemplo, hago uso del primer método, la consciencia de la respiración en el cuerpo entero, porque parece favorecer el proceso curativo. También, como explicaré en el capítulo siguiente, hay veces en que uso la consciencia de la respiración en el curso de la vida cotidiana, y de tarde en tarde, si la mente está agitada de un modo inusual, dedico unos momentos a tomar consciencia de la respiración para calmarla y prepararla para la práctica del darse cuenta.

Cuando uno deja de utilizar la respiración como ancla, y practica con la atención plena como único refugio, entra en el verdadero darse cuenta sin elección. En esta manera de habitar el momento presente, no hay unas pautas ni un objeto predeterminado a los que atender. De momento en momento, lo que quiera que aparezca desempeña un papel vital, ya sea el contacto con la consciencia, la vida corporal, los sonidos, olores… Nada está excluido.

Tiene además la cualidad de la ausencia de juicios, que abarca el no seleccionar, no aprobar ni desaprobar aquello con lo que la mente se encuentra. No hay interpretaciones, explicaciones ni análisis.

A veces algunos maestros de la antigüedad denominaban a esto *mente espejo*. He hecho referencia a esta imagen en los pasos anteriores cuando usábamos la respiración para ayudarnos a cultivar el arte de ver con claridad. En el darse cuenta, el método se desarrolla sin un objeto de atención, o ancla. El maestro de Zen japonés Bankei, cuya enseñanza destaca el valor de la naturalidad y espontaneidad como correctivo de métodos de práctica exageradamente formalizados, lo describe a la perfección: «Un espejo refleja lo que quiera que haya ante él. No es que intente deliberadamente reflejar los objetos, pero cuando algo, lo que sea, se coloca delante de él, su color y su forma aparecen con toda seguridad reflejados en el espejo. De igual modo, cuando se retira el objeto, no es que el espejo intente deliberadamente no reflejarlo; cuando no está, no aparece en el espejo». Es decir que el espejo no intenta aferrarse a la imagen ni capturarla una vez que aquello que se reflejaba en él desaparece. No tiene ninguna idea sobre lo que debería o no debería llegar a continuación. En el darse cuenta, esa mente imparcial, con cualidad de espejo, no se apega a algo porque decide conservarlo ni aparta de sí lo que no le gusta.

En el segundo paso, la respiración como ancla, practicaba usted el estar abierto, sin pautas ni dirección, así que ya conoce el arte de sentarse en el cojín y estar receptivo a lo que la vida en sí le presente. Pero ahora, sin la respiración como ancla, quizá sea todavía más tentador que en el método anterior preguntar: «¿Y ahora qué? ¿A qué presto atención cuando me siento a meditar?».

La respuesta, una vez más, es que no puedo responder a su pregunta. No tengo ni la menor idea. ¡Es la propia vida la que decide el programa!

Debemos aprender a dejar que esto ocurra. La «decisión del programa» tiene una vida entera de práctica a la espalda, un ímpetu formidable. Ahora se encuentra usted con una manera de meditar totalmente nueva…, o quizá en un estadio nuevo en el «arte de permitir y recibir» que ha desarrollado ya en los dos primeros métodos. Lo que quiera que encuentre usted en el aquí y ahora es su vida. Hasta que desaparece. Entonces encuentra lo que aparece a continuación. Y de nuevo a continuación. Es consciente solo de lo que, de hecho, está ya aquí. ¿Por qué? Porque *está* aquí. Le permite a la vida elegir por usted. En su práctica, no hay elección alguna, no hay un contenido seleccionado deliberadamente ni un objeto de atención, directa ni indirecta, como era la respiración.

Muchas veces, cuando los yoguis expresan confusión en cuanto a qué atender, les digo que el darse cuenta se parece a escuchar a una orquesta sinfónica. Aparecen simultáneamente múltiples sonidos que provienen de una gran diversidad de instrumentos. Si escuchamos con atención, sin embargo, a veces el sonido de un instrumento, o de una sección de la orquesta, domina. A veces oímos las notas de un solo violín o violonchelo, y pronto volvemos a una mezcla de sonidos fusionados entre sí. Oímos lo que oímos: tal vez bellas melodías relajantes o tal vez composiciones cacofónicas y desagradables. Si tocamos el piano, o la batería, quizá seamos particularmente sensibles a esos sonidos; es posible que, mientras escuchamos, captemos uno o dos momentos de silencio.

A veces, la atención que prestemos a la sinfonía será global, de toda la orquesta, y habrá veces en que atendamos exclusivamente a un solo instrumento. Lo mismo sucede cuando se practica el darse cuenta: la clave es permanecer despierto mientras todo se desarrolla. ¿Puede usted disfrutar del espectáculo entero?

Ver con claridad y precisión es un arte: el arte de la observación pura. ¿Y cómo desempolvamos el espejo, para que refleje con precisión? Una parte esencial de la práctica es examinar la calidad de la mente que observa. La enseñanza del Buddha subraya los tres venenos de la mente –la codicia, el odio y el pensamiento ilusorio– que tiñen poderosa y a menudo ininterrumpidamente la visión que tenemos de nosotros y de los demás. Cuando practicamos el darse cuenta imparcial, vemos estas manchas en el espejo y, al verlas, pierden consistencia. Recuerde, la energía del ver debilita la energía de todo lo que toca, incluso las potentes energías de los tres venenos. Tiene usted el potencial de usar la consciencia para debilitarlas, e incluso para limpiar todo el polvo, momento a momento.

Es en el darse cuenta donde, cuando practico, me siento más en casa. Hay un discurso del Buddha, el *Bahiya Sutta* (*Udana* 1.10), que es una guía de inspiración constante para esta forma de meditación. Cuando Bahiya, «el de la vestidura de corteza», suplicó desesperada e insistentemente una enseñanza liberadora, el Buddha respondió diciendo:

> «Entonces Bahiya, debes ejercitarte así: al ver, solo hay lo que se ve. Al oír, solo hay lo que se oye. Al sentir, solo hay lo

que se siente. Al pensar, solo hay lo que se piensa. Entonces, Bahiya, "tú" no existirás; y cuando "tú" no existas, no se te encontrará en este mundo, en otro mundo ni entre un mundo y el otro. Esto, solo esto, es el final del sufrimiento.»

El Buddha enseña que cuando la mente considera la experiencia tal como es, sin añadirle nada, esa experiencia no nos define. No hay un «yo» en relación con esa experiencia. En realidad, el sentimiento de «yo» no existe en absoluto. La experiencia condicionada es simplemente ver, oír, saborear, tocar y pensar; con el tiempo, no hay un «yo» que perciba. Es únicamente el *ver*. Atención total. La energía del ver es entonces como una llama que disuelve la potencia de lo que quiera que haya delante de ella. O como decía escuetamente mi profesor de Zen, Seung Sahn Sunim: «¡No hacer nada!».

Al ir afianzándose la práctica del darse cuenta, la mente se abre a un nivel de consciencia que está más allá del pensamiento. Es anterior al pensamiento y tiene una profundidad infinita. Toda la quietud y paz interior que pudiera usted querer está ya dentro de usted. Está dentro de cada uno de nosotros. Pero el bienestar y la confianza en ello llega solo al ir desarrollándose la práctica. A menudo se usa la palabra *silencio* para describirlo. Pero *silencio* es una palabra humilde, fácil de malinterpretar. Y es también inadecuada, porque intenta describir algo que es inefable. Una vez más, nos movemos dentro de los límites del lenguaje. El dicho zen «Abre la boca y estás perdido» lo resume a la perfección. ¡Pero tenemos que hablar de todas formas, como atestiguan los voluminosos escritos de los maestros del Zen!

Cada persona reacciona de forma diferente a la palabra *silencio*. En muchas personas despierta recelo. A veces, al estar tan poco acostumbradas al silencio, lo subestiman. O lo confunden con la vaciedad. No pueden evitar pensar que es una pérdida de tiempo o una interrupción del vivir «real». Después de todo, han crecido planeando, haciendo, yendo y consiguiendo; ese es el combustible de gran parte de la vida convencional.

Pero, por favor, no se deje engañar por el desdén que manifiesta nuestra cultura hacia la necesidad de una dimensión contemplativa de la vida. El silencio es una forma de existencia sutil, refinada y de inmensa riqueza. Incuestionablemente, es vasto y rebosa de vida. Hay a quienes esa vastedad en sí les asusta. Cuando experimente usted ese miedo, tal vez vea que la mente intenta dilucidar qué es el silencio, lo mismo que se ha pasado la vida dilucidando todo lo demás. Y ese esfuerzo o análisis mental es el beso de la muerte. Mata el silencio, porque ¿cómo puede el *pensar* comprender la ausencia de *pensar*? La mente pensante llega entonces a la conclusión de que hay silencio donde no lo hay, y reclama estar allí presente.

Si en determinado momento descubriera usted que la mente ha entrado con naturalidad en el silencio, ¿puede permitirle que actúe sobre usted, sin analizarlo ni reaccionar…, reposar simplemente en el silencio?

Hoy en día, para la mayoría de la gente el silencio llega

cuando se apaga el televisor, el frigorífico deja de zumbar y no se oye nada en la casa. «¡Qué alivio! Por fin puedo sentarme y simplemente tomarme una taza de té.» O tal vez lo perciba al atardecer en una calle tranquila de la ciudad o un camino rural. Sin duda, ocurre cuando se está en un sitio donde nadie habla, un centro de retiro, por ejemplo... Pero como muchos de ustedes sabrán por experiencia, incluso en un lugar que esté en silencio absoluto, la mente puede estar frenética, desbocada y llena de ruidos de padecimiento y de miedo.

El silencio interior, incluso en una sala de meditación, se desarrolla lentamente. Los científicos dicen que ese nivel de silencio puede ocurrir cuando nos quedamos dormidos y entramos en la dimensión denominada *sueño profundo*, o más exactamente *dormir sin sueños*. ¿Por qué hay tal silencio en ese momento y lugar? Porque el gran alborotador –el hacedor de problemas, *usted*– no está presente. Por eso al despertar por la mañana se siente como nuevo.

Pero todos poseemos la capacidad de entrar en contacto con esa cualidad estando despiertos; no necesitamos quedarnos dormidos. La meditación tiene el propósito de llevarnos a ese lugar. Quizá debiéramos decir que la meditación es el proceso de *quedarnos despiertos*.

Aprender acerca de esa mente que está en silencio es uno de los elementos primordiales de aprender a vivir, arte que en la enseñanza budista se suele denominar más comúnmente sabiduría. Aunque en realidad es imposible nombrarlo, cada tradición tiene diversos nombres para ese estado: silencio, la mente original, nuestra verdadera naturaleza, naturaleza búdica, despertar original, iluminación. A veces se llama a la iluminación *el gran silencio*. Repito que no hay palabra ni frase adecuadas para darle nombre. A menudo, a mí me gusta usar la expresión *quietud activa*, porque es un recordatorio de que el silencio de la mente no está reservado para la sala de meditación. Desde luego que aquí se reconoce, aprecia y alimenta, pero también florece a través de su participación en el mundo.

Muchas técnicas de concentración nos ayudan a abrirnos a la quietud de una mente silenciosa. El Buddha ofreció y alentó estas prácticas, los *jhanas*, por ejemplo, como métodos para alcanzar estados interiores de gran profundidad. Sé por experiencia que una profunda absorción puede reportar paz y dicha extraordinarias y beneficiar de un modo sustancial la vida contemplativa. Hay gente que está particularmente dotada para estas prácticas de concentración, y la utilizan maestros y alumnos por igual.

Pero no es esta la forma de meditación que le animo a practicar en este momento. Es cierto que la práctica del darse cuenta no desarrolla la quietud de una mente concentrada, atenta a un objeto en exclusiva; no le lleva a ese estado en que la mente se queda absorbida en su propio silencio y en el que por un tiempo todas las fabricaciones mentales quedan suspendidas. Pero la quietud activa a la que me refiero le conecta a usted con la plenitud de su vida tal como la vive, ya sea sentado en el cojín o la silla o en su vida cotidiana.

Al acceder a esta forma de vida viva y refinada a la que llamo silencio o quietud activa, puede que nazca en usted un amor, incluso una pasión por ella. Al practicar el darse cuenta sin objeto, cada vez es más posible vivir en él y desde él.

La profundidad de silencio de la que hablo está presente aquí, justo ahora mientras lee estas palabras. Vive en lo más profundo del corazón humano. A la vez, ese silencio es increíblemente tímido. Si lo deseamos, se escapa. No podemos idear una estrategia para llegar a él. No podemos buscarlo a tientas. No podemos ordenarle o exigirle que aparezca ni planear cómo conseguirlo. Pero si nos abrimos a él con amor, se vuelve elocuente e inmensamente servicial y curativo. ¿Cómo acceder a ese silencio? Intentando conseguirlo no; eso provoca solo frustración y desengaño.

El silencio está escondido en nuestro corazón. No quiere que se le den órdenes ni que se le diga cuándo tiene que aparecer. Como en cualquier otro caso, con la práctica puede usted aprender a entregarse al silencio, de modo que el silencio sea solamente silencio; no lo usa usted para conseguir algo, ni siquiera para reducir el sufrimiento, aunque sobreviene una gran curación cuando este silencio se activa. He observado que cuando salgo de largos períodos de haber estado en esta clase de silencio, soy más amable con los demás. No es una intención que tengo cuando practico; parece ser simplemente una consecuencia natural. Para sorpresa mía, los demás lo han notado incluso antes que yo.

Se llega al silencio despejando de maleza el camino, despejando la mente de preocupaciones, tan ensordecedoras que ni siquiera sabe usted que el silencio ya está ahí, puesto que es intrínseco a su naturaleza. Cuando continúa usted practicando el arte de observar, de ver cómo los pensamientos vienen y van, cómo vienen y van los estados de ánimo, la mente se vacía ella sola de su contenido. Entonces se encuentra usted en el silencio que siempre había estado ahí.

Cuando todos los pensamientos, y los gustos y aversiones, cuando todo lo que consideraba que era *yo* desaparece, aunque solo sea durante uno o dos minutos, descubre lo que hay dentro de usted. En algunas sesiones de meditación formal, esta consciencia se extiende bastante más que unos minutos. A veces, puede incluso ser su nuevo hogar. Ve que es algo vasto, silencioso y total. Ve que no está ahí arriba ni ahí fuera, sino que usted es «eso».

El silencio, o la quietud activa, es nuestra gran fuente desconocida. Sin ella, lo que vivimos no se acerca ni remotamente a nuestro pleno potencial. Pero al continuar la práctica, su vida emanará cada vez más de este lugar de consciencia clara. Cuando el ver se hace transparente y quieto, es porque «usted» desaparece. El gran poeta chino Li Po lo expresó con estas palabras tan bellas:

«Las aves han desaparecido del cielo.
Ahora la última nube se disipa.

Nos sentamos juntos, la montaña y yo,
hasta que solo queda la montaña».[*]

No es que Li Po se levantara y se alejara de la montaña. ¡Era la conciencia de sí mismo la que le había abandonado! Describe una mente que ha dejado de rumiar ideas, pensamientos, sentimientos e imágenes. Se podría decir que ya no hay en él quien exclame: «Qué vista tan maravillosa. Estoy tan contento de estar aquí. Puedo escribir un poema sobre este paisaje, y se recordará para siempre. Quizá incluso se incluya en las antologías».

No queda nada de esa actividad mental crónica. Está implícito en su poema que la autocomplacencia ha desaparecido, y que lo único que queda es el ver con claridad.

• • • •

P: Todavía estoy intentando entender a qué se refiere con los términos «quietud activa» y «darse cuenta».

R: Permítame repetir un relato que me contó Aoyama Roshe, maravillosa profesora zen y maestra del té con la que pasé unas horas cuando vino a Estados Unidos. Cuando Aoyama era una

---

[*] «Zazen on Ching-t'ing Mountain», de *Crossing the Yellow River: Three Hundred Poems from the Chinese*. Trad. al inglés, Sam Hamill. BOA Editions, Ltd., Rochester, Nueva York, 2000.

monja todavía joven, la abadesa del monasterio dijo un día: «La boca de una monja debería ser como un horno». En aquel momento, Aoyama entendió la frase como una indicación de que debía seguir la tradición monástica de comer lo que quiera que se le ofreciera. Cuando la boca consume alimentos sin hacer ninguna discriminación, es como un horno o una caldera que quema todo lo que se le echa, ya sean maderos de primera calidad o ramas llenas de espinas.

Fue al cabo del tiempo cuando comprendió que las instrucciones de la abadesa se referían a un nivel más profundo: la «boca» de nuestra vida. Estaba enseñando a sus alumnas el valor de sentarse con una consciencia abierta. Es cierto que el horno consume cuanto se echa en él. Pero también produce calor y energía térmica que permiten a la gente cocinar sus alimentos y calentarse. Es decir, transforma la leña en elementos beneficiosos.

Como antes he dicho, *darse cuenta* no son solo dos palabras. Es la designación verbal de una energía visual de calidad extremadamente refinada. No tiene peso ni color y no se puede aprehender. Sin embargo, cuando la mente que observa cobra potencia, es como un horno. Cuando la energía del ver toca la energía a la que llama usted *miedo*, o *soledad*, tiene lugar una preciosa alquimia.

La meditación vipassana es la práctica de ampliar progresivamente la capacidad de recibir, sin juicios ni preferencias, lo que quiera que aparezca. Lo acogemos porque está ahí; no se desecha nada, nada se considera trivial. Está usted aprendiendo a intimar con toda la leña que se echa al horno. Cuando se está de lleno con lo que sucede en el momento presente, tiene lugar una transformación liberadora. Eso es lo que hace de ello una práctica del Dharma. Esto es el darse cuenta en acción.

Y ahora, la expresión *quietud activa*. La acuñé para describir cómo es posible que la mente esté quieta y clara –tenga una consciencia abierta– incluso en mitad de la acción verbal y física que encontramos en la vida cotidiana.

• • • •

P: No soy un principiante de la meditación. Pero me pregunto, ¿qué debo hacer cuando practico si no consigo experimentar el gran silencio del que usted habla?

R: Ocúpese solo del momento presente. Eso es todo. Observe la mente para ver qué está ocurriendo de verdad en ella, no para conseguir lo que usted cree que *debería* estar ocurriendo. Experimente la vida en el momento, y quizá llegará el día en que se encuentre en silencio.

Estas instrucciones y métodos tienen el propósito de ayudarle a dejar que esto ocurra. Entiendo que, si no ha tenido ocasión de saborear ni la más leve señal de silencio, sienta decepción o frustración. Inevitablemente, los profesores del Dharma les proponemos nuevos ideales, y de ellos pueden nacer nuevas maneras de apego y de ambición. ¡Les damos una nueva forma de sufrir! Si eso ocurre, avanzará en una dirección equivocada. Es mejor dejar que la vida se revele y estar despierto y presente en medio de lo que ocurra. No le decepcionará.

Ver con claridad pone en movimiento una dinámica natural. Es conocimiento vivo de sí mismo. Si ve usted que sufre por sus esfuerzos espirituales o sus dudas, observe eso; en definitiva, es lo que está sucediendo en el momento.

• • • •

P: Habla usted mucho de «conocerse a sí mismo». ¿Se refiere a algo parecido a la virtud del conocimiento de sí mismo del que hablaban filósofos como Sócrates, o es un término del Dharma?

R: Con frecuencia, se entiende por «conocimiento de sí mismo» una acumulación de información e introspecciones. Pero conocerse a sí mismo no consiste en reunir datos ni en escribir un libro sobre usted…, una biografía de sus introspecciones y su evolución. Muy al contrario, el conocerse a sí mismo al que aquí nos referimos tiene validez solo en un momento dado. Está usted aprendiendo a ver directamente y con claridad, y de esa claridad de ver nace el conocerse a sí mismo. Cuando el proceso se va refinando, ya no se puede separar el ver del saber.

Conocerse a sí mismo es la puerta a la sabiduría y la libertad. No lo atesora usted a fin de que le sirva de base para ver en el momento siguiente, porque entonces no sería un ver nuevo. Por eso se desaconseja que los alumnos tomen notas durante las charlas del Dharma o los retiros. ¡Basta con escuchar, o sentarse y andar, y saber! Conocerse a sí mismo tiene lugar en el momento presente. Ese es su valor. Punto.

• • • •

P: ¿Es posible alcanzar un grado de quietud o darse cuenta y seguir haciendo uso de los procesos intelectuales de pensamiento?

R: Buena pregunta. Permítame contestarla dando un rodeo. Hace siglos que los meditadores saben de la plasticidad del cerebro –que las células cerebrales continúan desarrollándose a lo largo de toda nuestra vida–. Han tenido la certeza de que la mente es ilimitada, y de que la idea convencional de la «vida» que aceptamos comúnmente es bastante limitada. Ahora los neurocientíficos han empezado a ponerse al día y a confirmar que solo utilizamos una fracción mínima del cerebro.

La mente clara –que no está extraviada en el pensamiento– ve el mismo mundo de siempre, pero no con los mismos ojos de siempre. Una de las visiones directas más profundas que he tenido ocurrió mientras miraba un taxi amarillo. La mente estaba muy quieta, y se me saltaron las lágrimas. De repente, descubrí por qué lo llamaban taxi amarillo…: porque era *amarillo*. Era tan amarillo que el corazón me estalló de alegría.

La meditación nos abre a una nueva dimensión del vivir. Y usted me pregunta: ¿Se puede vivir en ese lugar? ¿Puede ese lugar de silencio –anterior al pensar– expresarse, y puede animar sus actos cuando necesita pensar, hablar y actuar? La respuesta es sí. Pero hacen falta práctica y destreza para aprender a vivir en él.

Cuando me preparo para dar una charla del Dharma, entro en el silencio. Para mí, el silencio es un preparativo mejor que las notas o los ensayos. Lo aprendí del maestro zen Seung Shan, que insistía en que nunca usara notas para enseñar el Dharma. Al contrario, como si fuera un músico de jazz, se me animaba a elegir un tema y simplemente «soplar». Normalmente, es un método que funciona, aunque no es infalible. Una vez, cuando estaba dando una charla sobre las Cuatro Nobles Verdades, las palabras salían con fluidez y espontaneidad, pero me olvidé de una de las verdades. En otra ocasión, con alrededor de cien personas en la sala, intenté dar una charla sin tener pensado un tema. Me quedé bastante rato sentado y no surgía nada…, salvo ansiedad. Así que la observé, y de ella finalmente nació una charla del Dharma sobre la ansiedad.

Entienda, por favor, que no le estoy sugiriendo que rechace exquisitas cualidades de la mente como la facultad de pensar, investigar, analizar o programar. Estas facultades no desaparecen. Pero el silencio puede infundirles una energía transformada.

En la infinita profundidad del silencio, las palabras son irrelevantes. Sin embargo, si es necesario usar palabras, nacen de la inteligencia que se ha activado en la vaciedad de la paz interior.

• • • •

P: Los libros del Dharma hablan a menudo del renacimiento. Me pregunto si le importaría decirnos si cree usted en él.

R: Si se le educa a usted en una cultura que ha creído en el renacimiento desde hace miles de años, como es el caso del Tíbet o Thailandia, la respuesta es obvia. He conocido a magníficos maestros tibetanos que me miran con compasión cuando digo que no sé si creo en el renacimiento. Por otra parte, muchos catedráticos de ciencias le mirarían a usted como si estuviera loco si mencionara en alguna ocasión el tema. Lo único que sé es que estoy abierto a la idea, pero sinceramente *¡no sé!* ¿Cree usted en el renacimiento?

• • • •

P: No tengo ni idea. Me supera. ¿No le produce ansiedad o le asusta no saber?

R: En realidad, no. Para mí, la famosa «mente que no sabe» es un lugar de apertura viva que me encanta de verdad. En este caso, el no saber no es una mera falta de información, sino una receptividad a la vida que nos va enseñando a vivir. Incluso algunos alumnos del Buddha, hace miles de años, tenían nuestra misma incertidumbre. A aquellos que vivían una vida alineada con los principios del Dharma, el Buddha, muy razonablemente, les planteó dos posibilidades: si había renacimiento, estarían en buena forma para un nuevo nacimiento; si no había renacimiento, habrían tenido una vida bien vivida. Personalmente, coincido bastante con esta perspectiva del Buddha sobre el tema.

Hace varios años, causaron furor las experiencias de vida después de la muerte. Según escuchaba hablar de ellas, hice la pregunta que para mí era mucho más vital: ¿hay vida *antes* de la muerte? No puedo evitarlo. A mi entender, el propósito de la vida es muy simple. Creo que la vida es para vivirla. Eso es todo. Entonces surge la pregunta: «¿Cómo?». Entiendo que esa es la única pregunta para la que cada uno debemos encontrar solos la respuesta.

• • • •

P: He sentido los beneficios de estar más tranquilo y despierto. Pero lo que de verdad me importa es que se expanda la compasión hacia los demás, y eso todavía no ha ocurrido. Por tanto mi pregunta es: ¿cuándo da paso la consciencia a una mayor compasión?

R: Hay dos maneras de desarrollar compasión. Una consiste en cultivar con firmeza y constancia la compasión, *karuna*, que es uno de los cuatro *brahmaviharas*, o virtudes sublimes, del budismo. Las otras tres virtudes son el amor incondicional (*metta*), la alegría por la fortuna de los demás (*mudita*) y la ecuanimidad (*uppeka*). Usar ciertos métodos para desarrollar y fortalecer estos estados forma parte de las enseñanzas históricas del Buddha y hay muchos profesores contemporáneos que alientan la práctica de estos métodos. Personalmente, he hecho prácticas intensivas de los cuatro, y me ha parecido notablemente beneficioso, lo mismo que a muchísimos otros yoguis.

La segunda manera se basa en la enseñanza del gran filósofo y yogui indio Nagarjuna, llamado a veces «el segundo Buddha». Se deriva directamente de las enseñanzas del Buddha, aunque Nagarjuna la desarrollara siglos después. Tal vez desea usted amplificar su compasión o su amor incondicional, y no está ocurriendo todo lo rápido que le gustaría. Y lo anhela. En esta segunda forma, en vez de perseguir el ideal de llegar a ser como la Madre Teresa de Calcuta o Mahatma Gandhi, lo que hace es observar los momentos en que es usted como Stalin o Hitler. O sea, ve con claridad cuándo es cruel, crítico, avaricioso, cuándo está lleno de rencor o incluso de ira asesina; u observa lo decepcionado que está de sí mismo por no poder ser más compasivo.

¿Por qué observar todo esto? Porque una cualidad no se adquiere a base de esforzarse en conseguirla. Empiece por percatarse de su ausencia. Supongamos que le habla con crueldad a su pareja, y luego se castiga por haberlo hecho y jura que a partir de ahora será más comprensivo y amable. Le sugiero que, en vez de eso, vea lo severo que es consigo mismo…, porque hay muchas probabilidades de que sea igual de severo con los demás. Esto es conocerse a sí mismo. Es muy posible que cuando empiece a observarse así descubra que la compasión está ya ahí, esperándole; no es algo que tenga que sembrar y cultivar.

El primer método es una práctica de cultivo y el segundo, de pura observación. Pero, por favor, no los contemple como maneras de proceder entre las que tiene que elegir ni piense que una es superior a la otra. En este libro, y en la mayoría de mis enseñanzas, doy especial relevancia a la observación directa y al aprendizaje que se deriva de ella. Pero también enseño la importancia de cultivar las magníficas cualidades humanas que se practican en los *brahmaviharas* cuando considero que puede resultarle beneficioso a un yogui en particular.

• • • •

P: ¿Puede explicar qué relación hay entre desarrollar sabiduría y compasión y la práctica del darse cuenta?

R: La enseñanza del Buddha se asimila a veces a un ave cuyas alas son la sabiduría y la compasión. En realidad, son una…, ¡son inseparables! La sabiduría no es auténtica si carece de compasión, y la compasión sin sabiduría es peligrosa. El Dalái Lama define como «compasión idiota» intentar ser una «buena persona» sin la sabiduría necesaria. Esta clase de bondad idealizada suele ser contraproducente e incluso muy perjudicial.

Cuando se entra en un estado de darse cuenta, o de quietud activa, ocurre algo bastante misterioso: hay una inteligencia orgánica en ese silencio. Quizá soy un iluso, quizá miles de años de enseñanzas han perpetuado una forma de percibir ilusoria que ha afectado y afecta a muchos budistas, pero yo he visto que esa inteligencia orgánica que nace del silencio entraña lo que llamamos compasión y amor.

En última instancia, la meditación es una explosión de compasión y amor. Si no siente usted eso, puede que haya algún tipo de distorsión en su práctica. No estoy hablando de sentimentalismo ni de sentimientos románticos. Hablo de un amor que es una energía real y potente, una fuerza que actúa en el universo que es tan poderosa como la muerte y tan universal como la ley de la gravedad. El condicionamiento cultural se toma unas vacaciones y hacemos un descubrimiento asombroso: descubrimos qué es en verdad la vida. Por eso hay tanta gente que consagra su vida a esta práctica.

Parte II:
Vivir el darse cuenta

4. Darse cuenta en la vida cotidiana

«Vigila la mente de continuo como una madre vigila a su hijo. Protégela de su propia insensatez y enséñale lo que es correcto. Es incorrecto pensar que determinados momentos no te ofrecen la oportunidad de meditar. Debes hacer un esfuerzo constante por conocerte; te es tan necesario como la respiración, que continúa activa en todas las situaciones. Si hay actividades que no te gustan […] y decides que no son dignas de meditar en ellas, nunca aprenderás lo que es estar despierto.»

Ajahn Chah

Hasta ahora nos hemos centrado por entero en la práctica del darse cuenta en posturas de meditación formales. Pero para la mayoría de nosotros, estas constituyen solo una pequeña fracción de nuestra vida. Llega un momento en que se levanta usted del asiento y se encuentra con lo que le está esperando…, que es «meramente» el resto de su vida. Atiende a sus hijos, va a clase, viaja y trabaja hasta muy tarde. Tiene éxitos y fracasos, inicia relaciones y sale de ellas, pasa por un momento de salud óptima y luego sufre una enfermedad. Nada está excluido del contenido del aquí y ahora. ¡Nada!

¿Pueden ayudarle en el ámbito de la experiencia cotidiana las artes contemplativas que ha estado aprendiendo? ¿Qué papel desempeña en todo ello la respiración consciente? ¿Puede la práctica del Dharma, el ser consciente momento a momento, traducirse en una forma de vida en vez de permanecer confinada a ciertas situaciones que nos ofrecen seguridad y protección?

Por supuesto, la respuesta es *sí*. Usted puede desarrollar el darse cuenta y la visión penetrante desarrollarlas allá donde esté, ya sea sentado en el autobús, cuando contesta el teléfono o mientras dirige una conferencia global en internet. Lo que importa es la cualidad de la mente y el interés por aprender, no el sitio donde se encuentre. Pero, si lo que digo es cierto, ¿qué necesidad hay de asistir a lugares como las salas de meditación o los centros de retiro? ¿Y por qué dedicar un periodo de tiempo diario a sentarnos en silencio sobre un cojín y practicar, por ejemplo, la consciencia de la respiración o el darse cuenta?

Me gustaría tomar una conocida enseñanza de la tradición del Soto Zen, aplicarle la mirada de un yogui practicante de vipassana y ver si puede ayudarnos a entender el sentido que tiene la práctica en la vida cotidiana. El profesor es Dogen, uno de los grandes maestros japoneses de Soto Zen, y a la lección se la llama «Instrucciones de Dogen al cocinero». Uno de mis profesores, Katagiri Roshi, me la dio hace muchos años, y me ha sido de gran ayuda desde entonces.

Siendo un monje aún joven, Dogen no estaba satisfecho con lo que estaba aprendiendo en Japón, así que hizo un viaje a China para aprender sobre el Zen en esa parte del mundo. Cuando el barco atracó en el muelle, Dogen observó a un anciano monje chino que había embarcado para comprar setas japonesas. Al oírle hablar con el capitán, Dogen comprendió que no era un monje cualquiera.

Como pronto sabría, se trataba de Tenzo, el cocinero jefe del monasterio. En los grandes monasterios zen de China, la compra y preparación de los alimentos suponía una ardua labor y exigía una destreza inmensa. Estaba claro que Tenzo era un practicante maduro. Deseoso de entablar amistad con él, Dogen se acercó y le preguntó (voy a parafrasear la conversación).

–¿Puedo traerle algo de comer y una taza de té? ¿Qué le parece si conversamos sobre los aspectos más sutiles del Dharma?

–No, no tengo tiempo para eso –contestó el anciano–. Tengo que volver al monasterio. Hoy es un día importante y quiero añadir a la comida de celebración unas setas japonesas, que harán las delicias de los monjes.

–Venga, en realidad no tiene por qué volver al monasterio ahora mismo –se quejó Dogen decepcionado–. ¿No puede quedarse a conversar sobre el Dharma conmigo?

En esencia, lo que le decía a Tenzo era: «¿Tiene usted la oportunidad de dialogar sobre el Dharma conmigo y quiere volverse al monasterio a cocinar?».

Finalmente, el anciano monje le dijo:

–No acabas de entender lo que significa el Dharma, ¿me equivoco? La verdad es que no tienes ni idea –y se fue.

Lo que el anciano quería decirle es que, como tantos hacemos, Dogen había creado una separación entre lo que llamamos «Dharma» y lo que llamamos «vida cotidiana». Lo que aprendió del cocinero es que práctica y vida podían ser lo mismo.

La enseñanza más temprana del Buddha representa asimismo la práctica y la vida como una. A esto se refiere en los *suttas* con la frase que se repite tantas veces: «Sé consciente estando sentado, de pie, caminando o tumbado». Ya he hablado anteriormente de la práctica formal de estas cuatro posturas, pero es fácil pasar por alto su significado más extenso. Tal vez las palabras suenen aburridas: *sentarse, estar de pie, caminar, estar tumbado*. ¡Por favor, díganos algo interesante! Pero vivimos nuestra vida entera en una de estas posturas, o en el movimiento para pasar de una a otra.

En estas instrucciones, el Buddha nos alienta a estar atentos en todos los momentos de la vida. Lo que digo es una mera extensión o enriquecimiento de esta idea.

Históricamente, los hombres y mujeres que estudiaron con el Buddha en los primeros años de su enseñanza en la India no vivían en monasterios. Vagaban y vivían al aire libre, y el propio Buddha vivió la mayor parte de su vida en el bosque. En una época más tardía de la vida del Buddha, se congregaban para practicar grupos de gente más numerosos, pero incluso en este caso se hacía solamente los tres meses que duraba la estación de lluvias; el resto del año, la gente se dispersaba.

Cuando las enseñanzas del Buddha se extendieron de la India a China, al principio los chinos intentaron hacerlo al estilo indio. Pero su clima y su cultura eran distintos. Aunque un emperador chino cerró los monasterios y obligó a muchos monjes y monjas budistas a despojarse del hábito, el movimiento zen sobrevivió. Una interpretación dice que los chinos perdonaron a los practicantes zen porque se sentían más cerca de ellos: los monjes y monjas zen cultivaban los campos, cocinaban y limpiaban. A los ojos de la gente china, eminentemente práctica, el resto de los movimientos budistas monásticos se dedicaban a holgazanear y esperaban que los demás los atendieran.

Pi Chang, el monje chino que influyó poderosamente en las normas de la vida monástica zen, dijo: «Un día sin trabajo es un día sin comida». Si uno no quiere trabajar, no hay problema…, pero no come tampoco. Incluso a edad muy avanzada, cuando la muerte estaba ya cerca, continuó saliendo a trabajar hasta que le llegó la hora de morir.

La influencia zen en China expandió así el concepto de la vida monástica, que empezó a incluir el cultivo de los campos, la cocina y otras labores. Con el tiempo, tuvo también influencia en Dogen. Para él, habituado a las condiciones de los monasterios de su Japón natal, el encuentro con el monje chino Tenzo fue una llamada de atención de la que aprendió que todo lo que se hace –incluso cocinar o limpiar la cocina– puede ser el Dharma. Y por supuesto, lo que Dogen comprendió en aquel encuentro no está limitado a las labores dentro del monasterio.

La lección que entraña, extensiva a todos nosotros, concierne a nuestra forma de vida entera.

La mayoría de la gente acude a las prácticas de meditación sentada porque sufren. Si estuvieran contentos, si fueran completamente felices y gozaran de paz mental, ¿para qué iban a buscar algo como esto? Luego, una vez que encuentran esa paz, y sobre todo si descubren lo importante que es, reservan un poco de tiempo para experimentarla en un lugar protegido, un centro de retiro, por ejemplo. Y cuando se disponen a dejar atrás ese entorno especial y regresar a casa, una frase común en la jerga de la cultura de retiro es: «Vuelvo al mundo real».

Creo que es un gran error. Solo hay un mundo. Antes de todas las formas –vipassana, tibetana o zen, o de cualquier escuela que se pueda nombrar–, hay simple vida que se expresa de multitud de formas, formas que han inventado algunos seres humanos extraordinarios para ayudarnos a vivir nuestra vida con menos sufrimiento innecesario. ¿Es útil cada una de esas formas concretas? ¿Es especial? Claro que sí. Y a la vez no es especial: es una inestimable convención que reúne a la gente para desarrollar junta una mayor comprensión y sensibilidad.

Dicho esto, conviene recordar también que una convención como la meditación o el centro de retiro no es Disneylandia. También es un reto. El entorno está repleto de desafíos ordinarios: las tareas de las que se ocupan los yoguis, las comidas en los centros de retiro, una sala llena de gente, aunque sea en silencio. Pero sigue siendo un mundo dispuesto de una forma particular para ayudar a desarrollar ciertas cualidades mentales, porque desde hace miles de años, los meditadores han descubierto que es más fácil desarrollar esas cualidades durante un retiro o una práctica formal de meditación sentada.

Hace muchos años, un día llegué a dar clase a la Asociación de Meditación de Visión Penetrante de Barre antes que de costumbre. Fue entonces cuando descubrí que los participantes llegaban con horas de antelación para poder apuntarse a las tareas más fáciles. Al parecer, era una tradición en el mundo de los retiros. El mejor trabajo era quitarles el polvo a los libros de la biblioteca; el peor, fregar los platos y las cazuelas, en un tiempo en que no existían los lavavajillas. Me sorprendió esta «tradición», ya que yo había dado por hecho que el método de práctica concedía un enorme valor a cualquier tipo de trabajo que fuera necesario para hacer del centro de retiro o monasterio un lugar funcional, algo que había aprendido cuando practiqué Zen en los monasterios de Corea y Japón.

Como siempre he creído que la actitud con que realicemos como yoguis las tareas que nos corresponden es un elemento decisivo para la robustez de la práctica que realiza la gente lega, los que vivimos en el mundo, instituí una «ley» en los retiros que dirigía: a los yoguis se les asignaban las tareas al azar, sin opción de elegir (salvo por razones médicas). Al principio esto provocó unos cuantos conflictos bastante espectaculares, como cuando a un dentista se le asignó la limpieza de los retretes. A pesar de los hábiles intentos del personal para persuadirle de que aceptara la tarea, se negó categóricamente, así que me lo enviaron a mí. Charlamos, y cuando le invité a que hablara, fue sincero y directo.

–Mire –me dijo–, no me he pasado todos estos años estudiando para venir aquí a limpiar retretes. Me parece un trabajo degradante.

–Pero estas son las normas –le dije simplemente, sin intentar justificarlo demasiado–. Si no le gustan, va a tener que dejar el retiro.

–¡Venga! Será una broma ¿verdad? –dijo.

–No.

Le expliqué que la intención era desarrollar una práctica que de verdad le sirviera una vez terminado el retiro. Finalmente, cuando comprendió que no era un farol, a regañadientes aceptó hacer el trabajo.

Resultó ser una historia con final feliz –y sigue siendo una pequeña leyenda en el centro de retiro–. El dentista mostró un tremendo descontento durante tres o cuatro días, porque le parecía un trabajo humillante. Pero observó el sufrimiento que aquello le provocaba, lo observó día tras día con atención, y experimentar aquellas emociones arrolladoras le permitió ver directamente que limpiar retretes hacía peligrar la imagen de sí mismo que con tanto esfuerzo se había forjado. Aquel ver directo le quitó de encima el tremendo peso de la identidad que artificialmente había creado para sí. Para cuando terminó el retiro, era un alegre «limpiarretretes». Hubiera podido hacer un anuncio de televisión.

Esta es la fuerza que tiene desarrollar una práctica que

penetra en cada elemento de la vida. Es suave, relajada, pero también implacable. Nos trae de vuelta a la visión penetrante y la consciencia, una y otra vez. Así que si va usted a un retiro, espero que le den un trabajo que no le guste nada.

Valoro profundamente la vida contemplativa. Me encanta sentarme a meditar y llevo haciéndolo desde hace muchos, muchos años. La meditación sentada es especial porque su pura sencillez ayuda a calmar la mente y a cultivar la visión penetrante y la compasión. He visto que si uno se enamora de la práctica sentada puede encontrar inmensa calma. Puede experimentar paz y profunda alegría. Y si usted no las ha saboreado lo suficiente todavía, lo hará. Esa es la ley. No es algo que les esté reservado a unos pocos elegidos. Eso sí, una vez que sucede, existe la tendencia a apegarse a esta práctica y a valorarla por encima del resto de la vida. Para muchos, puede llegar a ser una actividad obsesiva... y convertirse en el equivalente de «la Práctica». Puede ocurrir fácilmente porque el icono por excelencia del Buddhadharma es una figura humana, sosegada, serena en postura sentada. Nunca se ve al Buddha pasando la aspiradora o haciendo el amor.

En los primeros tiempos, cuando muchos hacíamos largos retiros, vi que, después de una estancia de tres meses, volvíamos a casa intensamente conscientes de lo precioso y valioso que había sido..., pero luego nos pasábamos los otros nueve meses del año ahorrando para volver a pasar tres meses en el retiro siguiente. Cada retiro se exhibía como una condecoración de guerra.

Acabó por crearse un patrón del yogui entregado que salía de un ambiente especial, protegido, en Estados Unidos o en Asia, y regresaba al mundo, donde no había un sitio donde continuar la práctica. Ver repetirse este patrón fue una de las motivaciones más fuertes que tuve para fundar en 1987 el Centro de Meditación de Visión Penetrante de Cambridge. Decidí que no fuera un centro residencial porque quería que la gente asistiera a él y luego regresara a su casa y a sus familias, o a la universidad o a su trabajo, y comprobara lo que había aprendido en el «fuego del vivir».

Hace poco supe, para mi sorpresa, que un gran porcentaje de practicantes de artes marciales de alto nivel suelen ser incapaces de emplear su maestría bajo la presión de una agresión repentina en la calle. A pesar de ser artistas consumados en la sala de prácticas, pierden la destreza fuera de un enclave estructurado. Lo mismo les sucede a los meditadores.

Veamos algo más que suele ocurrir después de un retiro. Es posible que uno haya desarrollado un espléndido *samadhi*: *inspirar*, *espirar*. Siente paz, y un gran amor por la raza humana. Se monta en el coche y pone rumbo a casa, y a medida que van pasando los kilómetros, el *samadhi* que con tanto trabajo ha conseguido empieza a menguar. Para a echar gasolina y comprueba si hay llamadas perdidas en el teléfono móvil. Un mensaje inesperado del médico de su madre y un correo electrónico del vecino de al lado lleno de indignación aparecen en la pantalla. El *samadhi* se desvanece y uno se siente decepcionado por esa ausencia. Quizá surge la duda, y le invade el pánico al pensar en los días que se avecinan, plagados de fechas límite y estrés. Si presta atención plena a estos estados mentales, sigue firme en el camino de la práctica. ¿O es que no hay momentos de decepción en la vida de todos? Sin esa atención plena, es posible sin embargo que se apodere de usted la desesperación, tanto al pensar en el centro de retiro como en la vida cotidiana.

Mi primer profesor de meditación, Jiddu Krishnamurti, nos inició desde el primer día en la visión de la práctica y la vida como una sola cosa…, hasta el punto de prescindir por completo de la palabra *práctica*. Como esta fue la base con la que comencé, nunca he tenido que salvar la distancia entre la práctica formal y la vida cotidiana. Pero aunque la cultura actual de la meditación suele insistir de boquilla en que la práctica y la vida son lo mismo, a menudo no hace efectiva esta afirmación. Y a pesar de lo que yo personalmente había entendido desde un principio, pronto me di cuenta de que cuando daba clase, solía fomentar inadvertidamente esa bifurcación. Si destacaba la importancia de la vida diaria, había quien decía cosas como:

–Mi práctica es mi hijo de tres años, que es mi maestro zen todas las horas del día.

–Suena bien –solía contestar yo–, pero ¿cuándo fue la última vez que se sentó a meditar?

–Veamos… No me acuerdo, ¡ha pasado tanto tiempo! –respondía.

–Claro, porque tiene usted un maestro zen en casa todas las horas del día. Lo había olvidado.

Lo que quiero decir es que la idea de «la vida cotidiana es mi práctica» puede convertirse en un tópico tergiversado. Pero yo fracasaba al intentar corregir el patrón. Si volvía a subrayar la importancia de sentarse a meditar, la práctica formal de los alumnos se situaba entonces en el centro del escenario y la vida cotidiana pasaba a segundo plano. Cuando pedía nuevamente que se prestara atención a la vida cotidiana, perdía importancia la meditación formal. Para mí, hasta el día de hoy, el reto a la hora de enseñar sigue siendo subrayar el papel fundamental de la práctica en la vida cotidiana sin infravalorar de ningún modo la meditación sentada, y alabar los beneficios de la meditación sentada sin contraponerla al resto de nuestra vida y sus actividades. En definitiva, tal como yo lo entiendo, ¡solo hay vida!

Todos tenemos, por supuesto, un temperamento distinto y es necesario respetarlo. Hay personas que por naturaleza tienden a pasar mucho más tiempo meditando sentadas, en casa o en los centros de meditación. Otras, quizá más extrovertidas, estarán sentadas menos tiempo, pero prestarán más atención a la vida cotidiana y a otras prácticas. Algunas usarán la respiración más y otras menos. El criterio a aplicar es puramente pragmático: ¿le ayuda a usted a soltarse y a sufrir menos, a ser más amable y más sensible con los demás? Si está usted presente en cada momento, significa que está practicando, ya esté sentado en el cuarto de baño o en una cabaña en la cima de una montaña. El momento presente tiene inmensa trascendencia. Es inagotable.

Cuando la gente acude a una entrevista conmigo, suelo preguntar:

–¿Qué tal va su práctica?

–Bueno –oigo como respuesta–, me cuesta sacar tiempo para sentarme.

–No –respondo–, le preguntaba por su práctica, no por su práctica sentada.

Compañero o compañera en el camino del Dharma, recuerde por favor que lo importante es la calidad de la mente, no el número de horas que estemos sentados. ¿Está desarrollando su mente la facultad de comprender y soltarse? ¿Está usted aprendiendo a desaprender lo que le perjudica sin sentir aversión, y a alimentar lo que le beneficia sin apegarse a ello? ¿Ha adquirido la atención una mayor continuidad, a un tiempo relajada y alerta? ¿Es menos severo consigo mismo cuando ve que ha estado inatento? Dormirse…, despertar…, dormirse…, despertar. En eso consiste la práctica.

Lo más probable es que en todos los tiempos y culturas los seres humanos hayan sufrido la tendencia a perder el norte y a distraerse de la tarea o actividad elegida. Pero creo que es algo especialmente pernicioso en nuestro tiempo. En un mundo de distracción continua, si nos aburrimos aunque sea un instante, necesitamos algo que nos distraiga de nuestras distracciones. Es un poco como sentarse ante el televisor a ver la CNN –algo que hago a menudo, aunque puede ser otra forma de sufrimiento–. En ese canal, mientras miro las imágenes de la noticia principal, en un recuadro de la esquina superior derecha aparece hablando un general del ejército, y lo miro también. Si me aburro de él, hay unos gráficos al pie de la pantalla que van recorriéndola de derecha a izquierda y que no tienen nada que ver ni con el general ni con la noticia principal. Justo cuando empieza a interesarme la noticia de esos gráficos, entra un anuncio y la corta. Y el ciclo vuelve a empezar.

¿A alguien le sorprende que necesitemos de un anciano cocinero chino y su eventual alumno, Dogen? Necesitamos de ellos desesperadamente.

Vale la pena recordar en este momento el término japonés *shikan*. Tal vez lo reconozcan por el término *shikantaza*, una forma de meditación sentada similar a lo que muchos de ustedes hacen en la práctica de vipassana. Significa «solamente sentado». Luego se aplicó a «solamente cocinando». La palabra «solamente» significa en este contexto *exclusivamente*. Significa prestar toda nuestra atención. Cuando cocinen, solamente cocinen.

Las «Instrucciones al cocinero», de Dogen, pueden ayudarnos a mitigar el problema de la distracción constante. Al cocinero se le indica que trate las ollas, las sartenes y los ingredientes culinarios con el mismo cuidado que trataría sus ojos. Esta enseñanza intenta comunicar una actitud de conexión íntima con cada actividad que realicemos: nos entregamos a ella poniendo en ella todos los sentidos. Podría ser cuando cocinamos. Podría ser cuando arrancamos del jardín las malas hierbas; cuando escuchamos a nuestra pareja o abrazamos a nuestro hijo. Podría ser cuando nos atamos los cordones de los zapatos. Atarnos los cordones de los zapatos no tiene nada de especial, pero la forma de ejecutar incluso un acto sencillo como este puede demostrar el respeto que nos inspira nuestra vida, lo expresemos como lo expresemos en un momento dado.

La consciencia de la respiración es un método que puede ayudarle a desarrollar atención plena a momentos de la vida cotidiana que de lo contrario le pasarían desapercibidos. Utilizar esta práctica a lo largo del día entero transforma muchas actividades aparentemente simples e insignificantes en valiosas oportunidades de desarrollar una mente centrada, serena y alerta. Puede que se detenga en un semáforo en rojo, durante diez o quince segundos; en vez de encender la radio, sienta la respiración mientras está ahí sentado. Cuando entre en un restaurante, justo antes de empezar a comer, perciba la comida que hay en el plato. Mire su emparedado, conecte con la respiración y vea que puede estar atento a la respiración y al emparedado según lo levanta del plato y se lo lleva a la boca.

Sienta la respiración mientras espera al ascensor. Siéntese en un parque y, acompañado de la respiración consciente, preste atención a algún aspecto de la naturaleza. En la sala de espera del médico, en vez de hojear una revista o escribir un mensaje de texto, esté con la respiración hasta que llegue su turno. Recuerde, la paciencia es un *parami*, una de las diez virtudes de las enseñanza budistas.* Sea un paciente paciente, valiéndose

---

* *Pāramī*, en *pāli*, o *pāramitā*, en sánscrito, significa «perfecto» o «perfección». Las diez perfecciones budistas son: generosidad, honestidad, paciencia, sabiduría, esfuerzo, amabilidad, renunciación, determinación, sinceridad y ecuanimidad. (*N. de la T.*)

de la respiración para calmar la ansiedad de la espera o para ver directamente la impaciencia que hay en usted.

Hace poco supe de una yogui que utilizó la práctica de la respiración consciente la mañana en que cabía la posibilidad de que tuviera que ser miembro de un jurado. Durante varias horas, la condujeron de sala en sala en un juzgado sombrío. Lo que su mente preveía que le esperaba a continuación eran más horas de tedio, la incomodidad de los viejos asientos de madera y hojear revistas. Pero todo cambió cuando cayó en la cuenta de que acababan de regalarle una mañana perfecta para practicar. Aquello transformó la experiencia. Se mantuvo serena y alerta durante la espera, sentada en el juzgado, usando la respiración como ancla. Al final no la eligieron para formar parte del jurado. Pero mientras había personas a su alrededor que se habían dejado invadir por la inquietud y el aburrimiento, ella consiguió una visión penetrante inestimable.

En la mayoría de las situaciones, podemos practicar la respiración consciente con los ojos abiertos o cerrados. He sido un «observador de personas» (un observador de aves, también) desde que era pequeño, así que, en mi caso, tener los ojos abiertos y prestar atención a la respiración contribuyen simultáneamente a mantenerme despierto. Como utilizo a menudo los transportes públicos, permanezco con la respiración cuando me siento en el tren o el autobús, atento a los demás pasajeros. Es una observación relajada, informal y abierta, e intenta no hacer que nadie se sienta incómodo. Me ayuda simplemente a percibir el entorno humano con un poco más de claridad, a la vez que vivifica y calma el paisaje interior.

En presencia de la naturaleza o el arte, es más fácil que la mente se aplaque y reposar en el momento presente. La verdadera belleza –ya sea la de un paisaje de Monet o la de los sonidos del océano– tiene ese poder: sofoca el pensar. Pero esté usted donde esté, tiene la capacidad de ayudar a la mente a estar en silencio. Vaya adonde vaya, la respiración está con usted, proporcionándole un ancla. En el momento en que lo precise, puede recurrir a ella, igual que recurriría a un buen amigo, para que le ayude a estar alerta y a reducir el pensar habitual e innecesario de la mente que suele hacerle derrochar tanta energía.

Si es la primera vez que practica esta técnica respiratoria, quizá al principio no se sienta cómodo con ella. No importa. Haga la prueba, vea qué sucede, y aprenda de ello. Intente no hacer de ella una «tarea» monótona y desalentadora. Si se olvida de estar atento a la respiración mientras friega los platos, ¡no se castigue y añada más sufrimiento a su vida! Llegará un momento –y ese momento es diferente para cada persona– en que la técnica de ser consciente de la respiración tal vez se disuelva y esa consciencia pase a ser simplemente una forma natural de vida que pone el acento en la atención, la sensibilidad y el interés por aprender de las experiencias cotidianas tal como las vive de principio a fin. Lo más importante es la cualidad de la mente que pone usted en lo que quiera que haga.

• • • •

P: El viaje de vuelta a casa en coche por la tarde siempre me cansa. Suelo poner música para animarme. Pero cuando tengo una reacción emocional a la música, quiero eliminarla de la experiencia de simplemente ir conduciendo.

R: ¿Por qué? La reacción que le provoca la música es una parte válida de su experiencia. No tiene nada de malo escuchar música, a menos que sea una compulsión, como es el caso de algunas personas. Si es también su caso, significa que en un momento dado haría usted cualquier cosa con tal de evitar estar consigo mismo: sintoniza rápidamente una emisora de radio lo mismo que podría sintonizar la emisora *metta* o la emisora respiración. La atención plena nos enseña a ver nuestros motivos. Disfrutar oyendo música no es ni bueno ni malo; es sencillamente una de las alegrías de la vida. Depende de qué relación establezca usted con ella…, y por supuesto, en su ejemplo, ¡depende de cómo afecte a la conducción!

• • • •

P: Soy una de esas personas que pone la radio automáticamente e incluso acelera para evitar el aburrimiento de hacer cada día el mismo trayecto de casa al trabajo y del trabajo a casa. Es un patrón que he intentado romper…, pero no lo he conseguido.

R: Déjeme hablarle de un alumno que por sistema llegaba diez minutos tarde cada noche a la práctica de meditación en grupo en nuestro centro de meditación urbano. Entraba en la sala y corría hacia su cojín, jadeando y resoplando. Con el tiempo, me enteré de que la distancia que tenía que recorrer en coche le obligaba a conducir muy rápido, si no quería perderse todavía más minutos de la meditación de grupo.

Cuando nos encontramos con una dificultad como esta en el curso de la vida cotidiana, la pregunta es: ¿puede el coche ir a gran velocidad y la mente seguir estando en paz? Es decir, ¿cómo afecta a la mente la velocidad externa? He sido pasajero de un ex piloto de carreras que viajaba a toda velocidad y me sentí totalmente a salvo, y he viajado con conductores parsimoniosos que me han hecho querer saltar del coche.

Cuando se aburra de hacer siempre el mismo camino, aquí va una sugerencia: observe la angustia. *No, por favor, la misma gasolinera de cada día. No, la misma guardia sonriente.* O esté atento a la tensión que va creciendo cuando está parado en un semáforo o en un atasco. Obviamente, ¡preste atención sobre todo a conducir! Si quiere oír música también, estupendo. Pero de cuando en cuando, escuche sus reacciones. Si lo hace, tal vez vea que esas reacciones habituales empiezan a debilitarse y desaparecen, y surgen respuestas atentas y nuevas. No intente estar tranquilo; dese cuenta de la tensión y el aburrimiento. Ese darse cuenta puede desembocar con naturalidad en una auténtica calma.

Utilizando este método, el alumno que siempre llegaba

tarde acabó por aprender que, aun cuando tuviera que conducir a la velocidad máxima permitida, podía estar en paz. El coche aceleraba, pero la mente no. Le hicieron falta tiempo y paciencia para aprender a hacer esta práctica, que considero un excelente ejemplo de quietud activa.

• • • •

P: Hace unas semanas, me echaron inesperadamente del trabajo que tenía desde hacía doce años. ¿Puede ayudarme la meditación a atravesar este periodo sin caer en las viejas estrategias de supervivencia, no demasiado saludables?

R: Cada vez son más los practicantes que cuentan que se han quedado sin trabajo, o que han tenido que aceptar una jornada laboral reducida. Es rara la persona que no se sienta abrumada por este tipo de pérdida, sobre todo si tiene a su cargo a otros miembros de la familia. Con frecuencia, incluso los yoguis más experimentados sienten que el mundo se les viene abajo y no consiguen cambiar los sentimientos recurrentes de impotencia.

En última instancia, sin embargo, una mente adiestrada le ofrece una oportunidad mucho mayor de pasar de la catástrofe a la solución. Le ayuda a ver opciones que la mente ansiosa o confundida eclipsa. No se siente tan impotente, porque sabe que todo se puede solucionar, ya sea mientras está sentado en el cojín o trabajando en una fábrica manufacturera forzada a recortar la producción. Incluso en un mundo de impermanencia y cambio, está usted aprendiendo a vivir con sabiduría. El Buddha dice: «Mi enseñanza habla solo del sufrimiento y de la extinción del sufrimiento». Se refiere al sufrimiento que es producto de la mente, que se añade al deterioro físico inevitable, a los desastres naturales y otras tragedias que hemos de afrontar los seres humanos. El sufrimiento al que se refiere emana de la psique. Si entiende usted la diferencia entre ambos, puede al menos debilitar lo que el Buddha llamó «la segunda flecha», el sufrimiento que inflige la mente.

Si no es capaz de distinguir entre la naturaleza ilusoria del sufrimiento que la mente genera y el hecho en sí de haberse quedado sin trabajo, el resultado es la angustia mental, a veces un auténtico tormento. Si es capaz de ver la diferencia, sigue siendo una situación muy dura haber perdido el trabajo o los ingresos, pero no es desesperada. ¿Comprende los beneficios que tiene afrontar una situación complicada con una mente clara, en vez de con una mente desesperada que busca a tientas una solución?

• • • •

P: Cuando habla usted de aprender a sobrellevar las pérdidas, se me viene a la mente una cuestión que me ha confundido desde hace mucho: meditación y terapia. ¿Puede ayudarme a distinguir entre ellas?

R: Su pregunta es importante, porque vivimos en la cultura de la psicoterapia. En estos últimos años, han aparecido muchas técnicas que integran la psicoterapia y la práctica meditativa, y hay cada vez más psicoterapeutas que son también meditadores comprometidos con la práctica. Cuando lo he considerado apropiado, les he sugerido a algunos yoguis que trabajaran con esta clase de psicoterapeutas a la vez que continuaban meditando, y los resultados han sido buenos. También he sugerido en algunos casos que se dejara de meditar temporalmente si la psicoterapia parecía lo más apropiado. Tal vez haya empezado a disolverse el recio muro de separación que había entre ambas disciplinas. Pero como nunca he asistido a una sesión de psicoterapia, ni tengo formación en ese campo, no estoy en verdad cualificado para responder a su pregunta, que es muy interesante.

• • • •

P: Estoy tratando de integrar el darse cuenta en la práctica de la vida cotidiana. Es mucho más complicado que cuando estoy sentada en el cojín, porque la vida me bombardea con opciones y distracciones.

R: Permítame contestar contándole una experiencia personal. Una tarde preciosa de un domingo de verano iba caminando por la orilla del río Charles, en Massachusetts. Tenía una consciencia panorámica, que abarcaba el río, los gansos que surcaban el aire, un cielo azul muy limpio y a un grupo de excursionistas sentados en la hierba. De repente, entró en el campo de visión un coche volcado, y a su lado una persona que yacía en el suelo. Automáticamente, la visión panorámica se enfocó. El mundo global que habitaba con júbilo hasta ese momento se redujo a aquella sola escena trágica.

No hacía falta calcular a qué prestar atención. Enfocar y agrandar la imagen era la respuesta apropiada para la situación. Como en todos los momentos del darse cuenta, la vida dispuso el plan de acción.

Ahora permítame hacer una generalización a partir de aquel incidente dramático para intentar darle una indicación que pueda adaptarse a la diversidad de la práctica en la vida cotidiana. Lo expresaré en forma de pregunta, una pregunta que me ha sido de gran ayuda, lo mismo que a otros incontables yoguis, a lo largo de los años: ¿Cuál es la acción correcta aquí y ahora? Hay veces en la vida en que la respuesta está muy clara, como ante la visión del accidente de coche. Pero incluso cuando está clara, ¿le concede usted una atención total? ¿Participa íntimamente de la acción, o está separada de ella? ¿Es plenamente consciente del momento presente, o ha empezado ya a imaginar cómo les contará a sus amigos lo que ha ocurrido? La práctica es un proceso de reducir la distancia entre usted y el hacer.

Si tiene un hijo o una hija, quizá los abrace todos los días. Estupendo, ¡abrácelos! Pero cuando los abraza, ¿sigue parte de su mente absorta en el trabajo? Si es así, darse cuenta de su inatención le permitirá estar de lleno con su hija o su hijo. Esto es acción correcta.

La práctica nos va sacando del contacto fragmentado con la realidad. ¿Va usted conduciendo? Estupendo, ¡conduzca! ¿Escribiendo un mensaje de texto en el IPhone? Adelante, ¡escríbalo! Cada momento y lugar requieren una respuesta única. La meditación es una forma de aprendizaje continuada. Esa es la belleza de la práctica: potencialmente, todo aquello con lo que se topa en la vida cotidiana es su maestro…, y aprender a vivir, momento a momento, es en sí fuente de plenitud.

● ● ● ●

P: Entiendo que la meditación no debería incluir el esforzarse por alcanzar una meta o conseguir algo. Pero ¿qué me motivará a seguir practicando en el día a día si no aspiro a que mejore mi matrimonio o mi situación laboral?

R: Es natural que quiera que mejoren su matrimonio y su trabajo. ¿Le ayuda a ello la meditación vipassana? Sí. Pero quizá no como le gustaría.

Los distintos modelos de práctica ofrecen distintos métodos. El método de la escalera, como a veces se le llama, incluye una serie de etapas: primera etapa de práctica, segunda etapa, y así sucesivamente, en un ascenso análogo al de la diplomatura, la licenciatura y el doctorado. A muchos yoguis, este método estructurado les resulta útil porque aprenden con más facilidad al tener que esforzarse por alcanzar el siguiente nivel. Trabajar así puede en efecto generar una energía productiva que revierta en la práctica.

Yo viví de este modo una serie de años que pasé en la universidad de la vida. Me sentía bastante integrado en él, hasta que comprendí que mi vida estaba llena de conflicto y ansiedad debido al esfuerzo constante por ascender un peldaño más en la escalera del éxito académico. Personalmente, ya he practicado este método más que suficiente. Pero, por favor, entienda que el modelo de enseñanza que yo uso no pretende que se cruce usted de brazos y se vuelva indolente y fatalista, sino que considere la práctica y la realización como una misma experiencia. Así es como lo describe el maestro de zen japonés Dogen.

¿Cómo llega, entonces, adonde quiere ir con su práctica y su vida? Es una cuestión peliaguda. A veces, cuando meditamos se acentúa todavía más el objetivo: «Voy a practicar esto de la atención plena, pero solo si me lleva adonde los libros prometen que lleva». La mente intenta de continuo avanzar de A a B, por no hablar de las mentes más ambiciosas, que desean pasar de un gran salto directamente de A a Z. Pero la práctica consiste en aprender a pasar de A a A.

No deposite su fe en la «yo futura» que será después de pasar por una serie de retiros y sesiones de meditación. Por supuesto que recogerá por el camino los frutos de su trabajo, pero no tiene por qué esperar, ya que la meditación es un eterno proceso de aprender a afrontar con inteligencia todo lo que la vida cotidiana nos presenta. ¡La confirmación y la verificación tienen lugar aquí y ahora!

En realidad, esta pasividad aparente pone realmente en marcha una energía dinámica que sin duda nos hace avanzar en una dirección maravillosa. Pero no deje que la preocupación por mejorar divida la atención. En el método que practicamos, lo importante no es alcanzar estadios sucesivos de despertar, ni metas de la vida, sino ocuparnos de cada momento, ya sea sentados en el cojín, en casa o en la universidad. Por eso se le alienta a no hacer una separación entre la práctica y la vida cotidiana.

Al Buddha se le considera un ser humano plenamente despierto, y él le brinda su ayuda para que se una a él. Cada momento de consciencia es un pequeño momento de mente búdica. A medida que la atención madure, al aplicarla a cada suceso de la vida, en el cojín y fuera de él, irá viendo los frutos del aprendizaje que se deriva de esa consciencia cada vez más sensible. Está usted aprendiendo a vivir con maestría cada momento, ya sea en un lugar de retiro o en casa con su familia, en el trabajo con sus colegas, o con gente desconocida en el autobús.

5. Darse cuenta en las relaciones

«Vivir es relacionarse.»
VIMALA THAKAR

«¿Podemos estar uno con otro sin la fuerte influencia de
imágenes del pasado aunque hayamos coleccionado imágenes de nosotros mismos y del otro a lo largo de toda una
vida? ¿Somos conscientes de cómo tiñen y distorsionan esas
imágenes la percepción que tenemos el uno del otro, de
cómo en realidad nos impiden percibir con exactitud en este
momento? Si entendemos esto con claridad,
¿podemos volver a mirar, con atención, con cuidado,
como si fuera la primera vez? ¿Es posible que nos miremos
y escuchemos el uno al otro de forma enteramente nueva, y
no arrastrados por el hábito de corregirnos o intentar cam-
biarnos uno a otro de acuerdo con lo que nos gusta
y lo que no? ¿Podemos descubrir de nuevo lo que de verdad
está pasando en este instante
y responder desde la claridad y no desde las ideas?»
TONI PACKER

Hace años, practiqué la meditación siguiendo la tradición thailandesa del bosque. Mi idea de un bosque era la de un sitio al que se va de merienda o en busca de helechos o setas. Pero lo que me encontré en Thailandia era una jungla, con serpientes, insectos y lianas retorcidas. No me gustaría ir de merienda al sitio donde teníamos plantadas las chozas. Un día le dije a mi profesor que si él enseñaba según la tradición de la «jungla» thailandesa, yo practicaba según la tradición de la jungla de Cambridge.

–¿De Cambridge? –dijo–. ¿Eso no es una ciudad grande, con universidades?

–Sí –respondí–, pero tiene gente. Esta jungla suya está poblada por serpientes y animales salvajes. ¡La mía está poblada por personas!

Si practicamos el darse cuenta en las relaciones, ¿enriquecerá eso nuestra vida? ¡Por supuesto que sí! Pero decir esto es señalar lo obvio, puesto que nos pasamos la mayor parte de la vida en relación. Estoy convencido de que, justo donde está, mientras interactúa usted con sus amigos, su pareja, sus hijos, los colegas, los vecinos y los desconocidos, tiene el potencial de realizar una imponente práctica del Dharma. No estoy describiendo un método que haga la vida meramente más cómoda y apacible. Estoy sugiriendo que, en el mundo contemporáneo, el darse cuenta en las relaciones es igual de legítimo y potencialmente liberador que otras prácticas que se han enseñado tradicionalmente.

Se trata de no dejar de ser conscientes, con o sin el apoyo de la respiración. De practicarlo mientras nos relacionamos.

Habrá quienes se sientan reacios a considerar que las relaciones sean una auténtica práctica del Dharma. A mi modo de ver, sin embargo, es una verdadera lástima que sea así, ya que es tan grande la parte de nuestra vida que pasamos en presencia de otros. Le sugiero que se adentre en la vida interpersonal con el espíritu del *Kalama Sutta*, donde, como recordará, el Buddha nos anima a investigar y hacer preguntas. ¿Puede darse cuenta de las reacciones condicionadas que tiene con los demás, sobre todo en sus relaciones más íntimas? ¿Puede mantener la ecuanimidad o percatarse de su ausencia en medio de las interacciones humanas? ¿Puede aprender a hacerlo sin juicios ni reproches?

La respiración está con usted en todo momento, aunque en este método no siempre apelemos a ella debido al ritmo muchas veces raudo e intenso de las dinámicas interpersonales. No pasa nada. He advertido en mis interacciones, y oído contar a muchos yoguis, que tratar de ser consciente de la respiración puede incluso interferir en la práctica en las relaciones. Es lo que sucede cuando presta más atención a la respiración que a lo que está sucediendo entre usted y la otra persona, o cuando ve que el miedo a perder contacto con la respiración le impide seguir el ritmo acelerado de la comunicación humana. Esto es hacer mal uso de la práctica meditativa de la respiración consciente.

Cada uno tenemos que saber discernir cuándo la consciencia de la respiración es un método adecuado y cuándo no. La respiración le ayuda tanto a despejar la mente como a desarrollar la perspicacia necesaria para saber cuándo es apropiado usar la consciencia de la respiración en las relaciones y cuándo no lo es. Por favor, no se sorprenda si la mayor parte de su práctica en la relaciones no incluye el ser consciente de la respiración. Igual que ocurría en la meditación formal sentada, cuando se soltaba de la respiración y practicaba el darse cuenta imparcial, las relaciones le llevarán a menudo en esta misma dirección.

Con tiempo y constancia, el darse cuenta en las relaciones revela el proceso egocéntrico: hacer del «yo» el centro del universo; y como nos enseña continuamente cuál es la verdadera naturaleza del «yo», tiene el potencial de llevarnos a la vaciedad incondicionada, *suññata*,[*] o quietud activa.

Generalmente, cuando los yoguis me oyen hablar de esta forma de práctica, le encuentran sentido inmediato: ven que, si la práctica omite las relaciones, estará fragmentada y tendrá un valor limitado. Ven también el potencial de lograr armonía en casa, o en el trabajo, o incluso consigo mismos. Aun así, hasta el alumno o la alumna con mejores intenciones se tambalea y con frecuencia cae, una y otra vez, en cuanto alumbra las relaciones con la luz del darse cuenta. Se necesita una paciencia suave y relajada, además de una observación atenta. ¿Acaso no estaba confusa la mente cuando empezó usted a practicar el primer paso: observar la mente mientras respira? Ahora está practicando en la atmósfera candente de su más compleja condición: las relaciones en la vida cotidiana.

---

[*] En sánscrito, *śūnyatā*. (*N. de la T.*)

Por favor, tenga presente que en este contexto el término *relación* no se refiere solo a los lazos íntimos, sino a todos los momentos en que está en presencia de otra persona. Puede englobar incluso la relación que tenga con los objetos, la naturaleza, el arte o las ideas. Y por supuesto, por encima de todo, es la relación consigo mismo. Desde esta perspectiva, la vida *es* relación. Hasta cuando está sentado solo, aprende de sí mismo si observa lo que la mente produce y cómo se comporta el cuerpo.

Esta concepción de la relación como instrumento clave para el conocimiento de sí mismo se deriva de lo que aprendí de Krishnamurti hace cuarenta años. Él entendía que la relación, el darse cuenta y el aprender formaban una práctica indivisible. Desde luego que apreciaba el valor y los beneficios de sentarse en soledad, pero subrayaba la importancia prioritaria de ser receptivos y aprender en la relación. Lo entendí con toda claridad al concluir los días que habíamos pasado juntos cuando visitó el campus donde yo daba clases hace muchos años. Le pregunté: «¿Puede ponerme alguna tarea, darme algo para hacer?», y me respondió: «¡Preste atención a cómo vive *realmente*!».

No soy capaz de transcribir la forma en que pronunció estas palabras. Me miró a los ojos. Su voz tenía electricidad. Y repitió la frase: «Cómo vive *realmente*». Luego explicó: no como cree que debería vivir, no como le dicen las enseñanzas religiosas que viva, no como le dicen que viva sus padres, sino como vive *en realidad*.

Aquella «tarea» me atravesó. Fue el comienzo de la práctica. Soy contemplativo por naturaleza y me encantan los largos retiros a solas, pero no comencé creyendo que la meditación sentada fuera la práctica por antonomasia. Entendí desde el principio que las personas que había en mi vida, desde mis padres hasta la cajera de la tienda de ultramarinos, estaban todas incluidas en la práctica.

Desde entonces, mi práctica personal y el trabajo que he hecho con otros yoguis han consolidado en mí la convicción de que la práctica en las relaciones es una necesidad imperiosa no solo para los practicantes, sino para el mundo que habitamos. ¿Es posible la paz mundial sin que haya paz entre los seres humanos, en su relación entre sí?

En el Centro de Meditación de Visión Penetrante de Cambridge (CIMC),* estamos comprometidos con la práctica del darse cuenta en la relación. Pero no todo el mundo comparte nuestra creencia de que sea una práctica del Dharma genuina –y subrayo la palabra *Dharma*–. Caí en la cuenta cuando un renombrado profesor de vipassana vino al centro a pedir algunos consejos para abrir su propio centro en Cambridge. Charlamos, y estábamos plenamente de acuerdo en lo referente a principios básicos y métodos, hasta que le expliqué nuestro sistema de entrevistas a los alumnos. A diferencia de los centros tradicionales, donde los profesores tienen entrevistas formales con los alumnos principalmente durante los retiros,

---

* Cambridge Insight Meditation Center. (*N. de la T.*)

nosotros las ofrecemos a lo largo de todo el año, y durante estos encuentros regulares, que son bastante más largos que los de los retiros, les preguntamos a los alumnos sobre su vida cotidiana. Inevitablemente, el tema de las relaciones suele dominar las charlas.

El profesor de vipassana se quedó perplejo, y las preguntas que hizo tenían sentido: ¿No bastaba la habitual entrevista de diez minutos para tratar los auténticos problemas relacionados con la práctica del Dharma? ¿Por qué no recomendarles a los yoguis que acudieran a un terapeuta experimentado si querían hablar largo y tendido sobre los problemas que tenían en la vida cotidiana?

Supe desde que se abrió el CIMC que tendríamos que encontrar el equilibrio entre los métodos innovadores y la ancestral y rica tradición de vipassana. Afortunadamente, hubo muchos profesores que me dieron valiosos consejos al respecto –algunos más factibles que otros–. Mi estimado colega y amigo muy querido Corrado Pensa me presentó a una de sus profesoras, una monja carmelita, la hermana Paula, que tuvo una influencia decisiva en el futuro del CIMC. Cuando la conocí, después de un retiro que dirigí en Italia hace veinticinco años, ella llevaba veintiséis viviendo en las tierras de su orden religiosa, dedicada por entero a la contemplación, rodeadas de una valla de tela metálica. Sin salir jamás de aquel recinto, había formado a siete monjas residentes y a incontables visitantes.

Pasé una semana entera en el convento. Dos veces al día me reunía con la hermana Paula, un ser humano maravilloso, con una mente radiante y alerta y un gran sentido del humor. Cuando le conté mi deseo de dar a las relaciones un papel relevante dentro de la práctica, ya que constituían una extensión muy grande en la vida de los alumnos, me preguntó: «¿Deben rendir cuenta de ello de alguna forma?».

Su respuesta me desconcertó, y le pedí que la explicara. «Le escucho desde hace una semana –dijo– y creo entender que la gente rinde cuentas de su práctica de meditación sentada y durante los retiros. Conversa usted con los alumnos sobre el tema, y ellos de algún modo le rinden cuentas. Además, les dice que usted valora de verdad su práctica de meditación formal. Pero si les da instrucciones a sus alumnos de que apliquen el discernimiento y la atención plena a las relaciones y luego nunca les pregunta sobre ello, no lo consideran una parte seria ni importante de una vida del Dharma. Les anima a que lo hagan, pero no les ofrece un canal de comunicación para hablar de los resultados de aplicar la atención plena en sus relaciones.»

Lo que vino a decirme es que, a menos que formuláramos preguntas concretas, no transmitiríamos el mensaje de que el darse cuenta en las relaciones es una verdadera práctica del Dharma. Al regresar a Cambridge, implementamos su sabio consejo de dos maneras. Primero, en los grupos de práctica y las entrevistas, los tutores hacían preguntas sobre relaciones y la vida cotidiana. Empleábamos los mismos principios ancestrales del Dharma, formulados en las Cuatro Nobles Verdades, y los aplicábamos a las situaciones interpersonales. El reto para mí es escuchar lo que me cuentan no como un psicólogo experimentado –cosa que por supuesto no soy–, sino escuchar con oído del Dharma.

Creé también un nuevo modelo de retiro, llamado «retiro emparedado». Dura dos fines de semana –las dos rebanadas de pan del bocadillo– y todas las tardes de la semana que hay entre ellos, que son el relleno. Los fines de semana se practican sesiones de meditación sentada y caminando, como en cualquier retiro de vipassana. Los días de entresemana comprenden la atención plena al contenido de la vida cotidiana y el aprendizaje que se deriva de esta atención. Esas tardes conversamos sobre ellos, usando los principios del Dharma, y los alumnos nos cuentan sus experiencias..., de modo que también aquí hay ahora un sistema de rendir cuentas.

En Thailandia, y en muchos países tropicales donde hay inundaciones frecuentes, las casas sufren daños o a veces se derrumban por completo. Esto inspiró al maestro del bosque Ajahn Chah la reflexión de: «Si pierdes tu casa por la inundación, ¿puedes no perder la mente?».

Sin duda, hay acontecimientos trágicos en la vida de todos. La pregunta más sutil es: ¿Cómo reacciona usted ante ellos? ¿Cómo se relaciona con lo que ocurre? La enseñanza del Buddha al respecto es revolucionaria y también muy simple. Es tratar de cambiar cómo nos relacionamos con las experiencias de nuestra vida, sean las que sean, y entre ellas la relación con otros seres humanos. La mayor parte del tiempo, o nos aferramos a lo que nos sucede o queremos alejarlo de nosotros. Son reacciones habituales que provienen de no entender a dónde conducen las acciones en el momento presente y más allá de él.

En mi experiencia, nada desata la reactividad de forma más acusada que las relaciones, sobre todo las más íntimas. Son reacciones mecánicas. Es como cuando nos pinchamos un dedo con un alfiler: sangramos. Se suele decir que alguien «ha puesto el dedo en la llaga». Alguien me pone el dedo en la llaga y los reflejos se disparan porque están condicionados; son viejos programas, quizá levemente modificados en el presente, y reaccionan de forma automática.

En general, la gente mira, escucha y habla con los ojos, los oídos y la voz de ayer, creyendo con frecuencia que las reacciones reflejas e histriónicas son signo de espontaneidad. Pero ¿deberíamos enorgullecernos de esta manera habitual de hacer las cosas? Es posible pasarse la vida entera repitiendo los mismos patrones negativos una y otra vez, como mucho modificándolos hasta cierto punto. Las relaciones son fluidas y dinámicas; a cada momento generan condiciones nuevas. Y, sin embargo, en vez de responder a la otra persona en el momento presente y nuevo, tendemos a imponerle imágenes fijas del pasado. Todos somos propensos a hacerlo con nuestros compañeros más próximos.

En un cuento precioso de la tradición islámica sufí, el sabio loco Mullah Nazrudin se sienta bajo un árbol a comer pimientos picantes. Mientras los come, le brotan lágrimas de los ojos. Aun así, va comiéndoselos uno tras otro. Los que están a su alrededor finalmente le preguntan: «Mullah, ¿por qué te comes esos pimientos picantes?», y él responde: «Estoy esperando a que llegue uno dulce».

¿Es posible extinguir el fuego picante de la reactividad? Sé que la solución no es cruzarse de brazos con la esperanza y la fe de que, la próxima vez, reaccionaremos con calma y amabilidad. Sé que todos podemos disolver los patrones condicionados. ¿Cómo? Invitando a nuestra vieja amiga la consciencia, con o sin el apoyo de la respiración, a observar el hecho de nuestras reacciones.

Cuando trabajamos con este método, nos sorprendemos en el momento mismo de la reacción condicionada de ira hacia nuestra pareja, o de decepción por la acción de nuestro hijo o de frustración como padre o madre. Y cuando la energía de ese ver directo entra en contacto con la energía de la reactividad, la comprensión de nosotros mismos abre una vía de acción nueva. El darse cuenta transforma la reactividad mecánica en una respuesta nueva y genuina, porque nace de una mente clara. Vemos el momento presente tal como es, en vez de imponerle las conclusiones rígidas del pasado. La reacción es vieja, rancia; la respuesta es nueva y apropiada.

Me gustaría reproducir la interacción que tuve con un yogui y que representa muchos de los relatos que oigo de los alumnos. Por favor, tenga presente que muchas veces las situaciones aparentemente más mundanas pueden darnos una comprensión muy profunda de la enseñanza del Buddha. Este relato «tan simple» es el de un marido que, tras muchos años de afectuosa relación matrimonial, no entendía a qué era debida la irritación crónica que sentía hacia su esposa. Le fastidiaba su forma de hablar, lo mismo que sus arranques de emocionalismo, con frecuencia intensos y apasionados, al referirse a los amigos y la familia. A veces el comportamiento de su esposa le encolerizaba, y a pesar de los años de meditación formal y de práctica en la vida cotidiana, sus reacciones generaban discusiones continuas y situaciones muy difíciles en sus vidas.

Le sugerí que se centrara en el método del darse cuenta en las relaciones. Empezó a hacerlo, y aunque ya no vive en Cambridge, hace poco recibí una carta suya en la que contaba que había conseguido finalmente no reaccionar con irritación al comportamiento de su esposa. Habían desaparecido las reacciones condicionadas de *No soporto cuando habla tan alto. ¡Tiene que calmarse!* En su lugar, cuando se impacientaba por los arrebatos de su esposa, lo que hacía era darse cuenta de lo que ocurría dentro de él, de su propio estado de irritación. A base de practicarlo día tras día durante un largo período de tiempo, comprendió que aquella impaciencia recurrente nacía del deseo de que su esposa se comportara conforme a sus necesidades, no a las de ella. En vez de caer en los modos de reactividad habituales –*Cuando mi esposa habla en cierto tono, reacciono automáticamente con indignación*–, rompió el ciclo dándose cuenta de lo que ocurría en el momento, y esto incluía tanto las palabras de su esposa como su propia reacción a ellas.

Descubrirse a sí mismo y darse cuenta tienen este efecto. Primero, cuando el yogui observó el enfado que le provocaba su esposa, su reactividad disminuyó. Finalmente, desapareció por completo. En vez de ver a su pareja a través de un velo de reacciones estereotipadas, de impaciencia o de ira, la veía con mirada nueva. A la vez, me aseguró, no se desentendía ni se distanciaba, sino que permanecía plenamente atento tanto a su esposa como a sus propias reacciones. En mitad de la cocina, permaneciendo en el momento, ponía en práctica el estar presente en las relaciones.

De este modo, hizo la transición crucial: de la crítica y el juicio a la comprensión. Está al alcance de todos hacer eso. Con la práctica, aprendemos a estar en contacto con nuestras reacciones íntimas, y a permanecer al mismo tiempo plenamente atentos a los demás. A veces la atención se dirige más al otro, pero sin perder contacto con nosotros mismos; a veces ocurre lo contrario, y somos más conscientes de nosotros mismos que de los demás. Es como el flujo y reflujo de la marea. Yo utilizo esta práctica de trasladar la atención adelante y atrás cuando entrevisto a decenas de yoguis en muy poco tiempo, por eso sé por experiencia que es un método que ayuda a mantener la mente despierta y abierta a cada nueva situación.

Al final de esta carta atenta y generosa, el yogui me contaba que ahora su matrimonio era mucho más satisfactorio. Había amado a su esposa todos aquellos años de altibajos que habían vivido, y ahora que gracias a la práctica había roto el ciclo de aquella prolífica irritación, había armonía en su relación más íntima. No es cualquier cosa.

Los chinos de la antigüedad utilizaban la imagen del anfitrión como símbolo del meditador estable y observador. Acuden muchos visitantes a ver al anfitrión. Algunos están invitados, y suelen ser amables, encantadores y da gusto estar en su compañía. Otros no están invitados: se emborrachan, son escandalosos y arrasan con la comida. O se quedan como pasmarotes, con la mirada perdida.

Si nos dejamos absorber hasta tal punto por el comportamiento de nuestros invitados que olvidamos que somos nosotros quienes estamos al mando, dejamos de ser el anfitrión. ¿Puede usted mantenerse atento en medio de todos los visitantes que vienen y van? Esta es la práctica cuando está sentado. Ser el anfitrión. Ser la propia consciencia.

¿Es más difícil ser el anfitrión sereno y firme cuando uno practica en las relaciones? ¡Claro que sí! A veces le abruman hasta tal punto las sensaciones y emociones que se «ciega» y ni siquiera es capaz de ver a la persona o al grupo de personas que tiene delante. Se pierde en su propia confusión, o alegría, o deseo. La imagen del anfitrión sirve para recordarnos que permanezcamos plenamente atentos a la otra persona y oigamos y veamos lo que dice y hace en el momento presente; y a la vez, nos recuerda que sigamos en contacto con nosotros mismos. He aquí de nuevo el flujo y reflujo de la atención.

Al ir desarrollando esta práctica, el filtro que forman las imágenes del pasado se disuelve por la energía visual del darse cuenta. Tal vez usted y su hija adolescente hayan tenido la misma conversación, con ligeras variantes, cientos de veces: usted le grita que limpie su habitación y ella da un portazo chillando: «Déjame en paz». Usted le chilla de vuelta, o se calla y contiene la cólera. Luego ella no quiere bajar a comer. Y la cadena sigue y sigue. En las enseñanzas budistas, se usa el término *papañca* para describir esta cascada de reacciones. Las emociones proliferan, y les sigue un profundo sufrimiento.

Cuando respondemos con la mente clara y renovada de la consciencia, debilitamos *papañca* y rompemos el ciclo de reactividad. Aunque responda usted las mismas palabras que antes, su impacto ha cambiado. Quizá diga: «Por favor, recoge esas ropas, y esos libros y muñecos de peluche». Si la mente es inocente y la energía benigna, hay más probabilidades de que su hija le escuche y responda con suavidad. Pero si esas palabras emergen de la reactividad, están propulsadas por la ira, y cuando esto ocurre, la otra persona no es capaz de oír, porque se siente atacada. En muchas situaciones, los seres humanos nos defendemos de estos ataques, reales o imaginados. A veces lo sabemos, y a veces no.

Las relaciones y el aprender trabajan juntos. En cierto modo, la práctica de la relación es un curso de educación que dura toda la vida. Para mí, ese aprendizaje permanente es el combustible que mantiene activo este método. Le prometo que si vuelve a él una y otra vez encontrará una inagotable fuente de material que le ayudará a pasar de la crítica a la comprensión y de las reacciones condicionadas a respuestas nuevas y auténticas.

Al tiempo que esto ocurre, la mente que ve a la otra persona se expresa con acciones más inteligentes y generosas. Esta no es una respuesta que se pueda aprehender ni controlar. Nace de una mente en la que hay claridad y silencio.

Muchos yoguis que aceptan las relaciones como una práctica genuina se sienten satisfechos cuando consiguen tener una relación apacible y cómoda con su pareja, sus hijos o sus compañeros de trabajo. No cabe duda de que es un gran avance en el camino de la evolución tanto psicológica como espiritual. Sin embargo, si está usted dispuesto a usar el darse cuenta en las relaciones para trascender este punto, el siguiente paso puede hacerle avanzar todavía más en el viaje interior; puede llevarle a una profunda comprensión de la verdadera naturaleza de la mente original, que empieza usted a vislumbrar bajo el condicionamiento acumulado.

Las relaciones, sobre todo las más íntimas, presionan incansablemente el botón del egocentrismo, y es porque son donde más amenazada se ve la imagen rígida que tenemos de nosotros mismos y de nuestros hábitos más queridos.

En diversos *suttas*, el Buddha enseña que la raíz del sufrimiento es el apego al «yo» y «lo mío». Cuando investigamos en profundidad las Cuatro Nobles Verdades, que enseñan que las causas del sufrimiento son el deseo y el apego, vemos que soy *yo* quien desea y se resiste a soltarse. La práctica del Dharma nos enseña la forma de liberarnos del sufrimiento olvidando o trascendiendo el «yo». Nuestro querido amigo Dogen, el maestro zen japonés, lo expresa admirablemente:

«Estudiar el Buddhadharma es estudiar el sí mismo. Estudiar el sí mismo es olvidarse del sí mismo. Olvidarse del sí mismo es haber despertado a todas las cosas». Como dice, la mente ya no es egocéntrica. No está preocupada de sí misma. Está presente, despierta, clara; eso es todo. Así es como desarraigamos el problema más serio que tenemos, que es *yo*. Desde mi punto de vista, la persona más problemática de este planeta es Larry Rosenberg.

En su mayor parte, eso a lo que llamamos *yo* está hecho de nuestra historia personal: dónde nací, todo lo que me ha sucedido desde entonces, las acostumbradas aprensiones, ansiedades, anhelos, pérdidas y alegrías. Cuando conocemos a alguien, quizá al principio le revelemos una parte de esto. Luego, al ir estrechándose los lazos, es posible que revisemos el material. Unas veces llegamos a la conclusión de que somos una pareja, amigo o empleado ejemplar; otras, sentimos que somos un desastre comparados con otros. En casi todas las interacciones, vemos cómo afloran las tendencias y abundan las contradicciones, y todas hacen referencia a este haz dinámico de energía que con el tiempo hemos acabado considerando que es *yo*.

Pero cuando el darse cuenta en las relaciones se va haciendo más profundo, la noción del «yo» cambia. Continuamos observando la mente y la vemos crear sin cesar imágenes e invenciones. Entendemos que el relato de *mí* y de *mi vida* es impermanente e insustancial. Todas las tradiciones budistas llaman a esta insustancialidad, o vaciedad (*suññata*), la joya de la corona del Dharma. ¿Vacío de qué? Vacío del apego a mí y lo mío.

¿Quiere soltarse de su relato personal? Probablemente no…, ha trabajado mucho para elaborarlo. Fíjese en la cantidad de tiempo, energía y dinero que ha invertido en componer un «yo», en cómo lo ha acicalado, ejercitado, vestido y en lo que ha estudiado para perfeccionarlo. Suele entusiasmarle la idea de hacer un «yo» mayor, mejor. Quizá esté estancado en el perfeccionamiento personal: un «yo» más espiritual, incluso un «yo» más compasivo. Sea lo que sea, está meramente arreglando la personalidad, intentando mejorarla, pulirla un poco, o lijarla.

Con una práctica atenta, llega el momento en que el ver es tan claro y estable que resulta mucho más fácil soltarse del relato personal. ¿Qué sentido tendría aferrarse a él? ¿Aferrarse a qué? Intentamos agarrarlo y ya se ha ido, porque los estados de ánimo cambian o se alteran las condiciones de nuestra vida. Pero esto usted ya lo sabe. O bien los cambios que la vida obra en nosotros contradicen lo que creíamos ser un momento antes, o un año antes. Con una práctica atenta, todas las imágenes e ideas que surgen en la mente y que se presentan como si fueran *yo*, y con las que normalmente nos identificamos, empiezan de verdad a ser mucho menos interesantes que lo que yace al fondo de todas estas nociones.

Dicho de otro modo, conocerse a sí mismo es descubrir, en sentido profundo, todo lo que *no* somos. La atención plena en las relaciones es una poderosa manera de eliminar estas percepciones equivocadas y de soltarnos del apego a *Mi historia*. Las matemáticas de esta forma de práctica del Dharma ponen el acento en la resta, no en la suma.

¿Produce alguna mejoría la práctica de la meditación? ¿Una mayor autoestima? Por supuesto. Pero lo que quiero destacar aquí es que la práctica nos lleva en una dirección mucho menos convencional: nos lleva a liberarnos de la creencia en una entidad fija, estable, llamada *yo*. Empezamos a ver los pensamientos –«Soy una persona magnífica» o «Soy un imbécil»– como meros pensamientos. Abandonamos la seguridad que nos daban las nociones más rígidas y arraigadas, como «Tengo una calma infalible en momentos de crisis» o «Sin mí, esta organización se iría a pique». Vemos que, si las imágenes tan queridas que tenemos de nosotros mismos son producto de los hábitos de la mente condicionada, nuestra única seguridad verdadera está en la mente clara, que está libre del condicionamiento del pasado: libre de historias culturales y personales.

Todos los métodos y técnicas de la práctica de vipassana nos impulsan de la mente condicionada a la mente incondicionada, que es consciencia pura en sí misma y de por sí. En otras palabras, nos liberan del sufrimiento.

Una historieta que encontré mientras practicaba Zen en Japón ilustra muy bien esto que explico. Imagine a un monje zen japonés que lleva a cuestas un saco gigantesco. Va caminando por una playa, descalzo, y encorvado, con expresión desdichada. Las huellas que va dejando en la arena parecen auténticas trincheras. El saco lleva escrita la palabra *Yo*.

• • • •

En el capítulo 3, en la sección dedicada al darse cuenta, hablábamos de la fuerza y belleza de la mente silenciosa a la que puede dar lugar la meditación formal. Ahora introducimos esa cualidad en el ámbito de las relaciones cotidianas. Por favor, recuerde que ese silencio es ilimitado. Va mucho más allá del encuentro con su familia y amigos más íntimos. Se extiende a sus colegas de trabajo, a su jefe y al conductor del autobús. Se convierte en una forma de vida que va expandiéndose sin fin.

Pero antes, quiero hacer una advertencia sobre la naturaleza de la mente silenciosa. A veces, los textos budistas parecen dar a entender que la mente silenciosa actúa infaliblemente con sabiduría y compasión. Pero por más clara que sea la energía del ver, por más sensatos y compasivos que creamos ser con las personas que hay en nuestra vida, cada momento exige atención total. Teniendo en cuenta que la ley del karma, la ley de causa y efecto, opera sin cesar en las interacciones humanas, lo que tal vez parezca una actuación acertada e inteligente en nuestra relación con alguien puede acabar siendo incorrecta o incluso perjudicial, pues no podemos predecir el efecto que tendrán nuestras palabras o acciones en otras personas. ¡Solo cabe observar y aprender!

Es decir que, incluso cuando respondamos con toda la sabiduría que se manifieste en nosotros en un momento dado, cometeremos errores. Es así en las relaciones personales, y también incluso en nuestra relación con la naturaleza, el dinero, la comida, el sexo o los deportes.

Por supuesto, asumimos plena responsabilidad de nuestros actos. Pero como meditadores, aprendemos también que una situación aparentemente mala puede ser en realidad una situación buena. ¿Por qué? Porque nos da la oportunidad de aprender sobre nosotros mismos y liberarnos así de los patrones del pasado. Dicho de otro modo, los errores pueden ayudar a que la mente pase de un estado condicionado a uno incondicionado. Pueden ser ocasiones para la sabiduría.

Thich Nhat Hanh equipara nuestras experiencias al compost, y yo creo que es una imagen muy acertada. Existe la tendencia a considerar que los patrones de reactividad son basura de la que hay que deshacerse; pero la práctica del Dharma los convierte en abono que hará crecer nutritivos alimentos orgánicos. Maduramos cuando aprendemos de nuestros errores y somos conscientes de nuestra insensatez y falta de madurez. Y a la inversa, si evitamos mirar de frente nuestros errores y aprender de ellos, nos impedimos madurar.

Recuerde la enseñanza del Buddha en el *Kalama Sutta*: la sabiduría no es inamovible. Está viva, y se pone a prueba y aprende momento a momento. Cometerá usted errores al actuar. Hará cosas absurdas. Habrá gente a la que haga daño. Hay quien aprende de la rica veta de sus errores, y quien, desafortunadamente, no. Si aprende de ellos, la práctica de la meditación puede ser para usted un viaje infinitamente interesante, y no una meta abstracta.

El peregrinaje está dentro, en nuestra mente y nuestro corazón. Es ahí donde tiene lugar el auténtico viaje. Y la respiración puede ayudarnos en este viaje interior. Es el punto de partida de muchos meditadores. Algunos continuarán usando la respiración como vehículo mientras van teniendo cada vez con más frecuencia vislumbres de la mente incondicionada. Otros elegirán entre todos los demás métodos que el Buddha nos dejó, incluido el método del no método, o darse cuenta.

Este libro dedica especial atención a la vida cotidiana y las relaciones porque son dos ámbitos que suelen eludirse, descuidarse o considerarse menos espirituales que la práctica formal «oficial». Pero recuerde por favor, como ya he dicho, que la Vida es anterior a *todos* los métodos, ya sea la vida en forma de estar sentado en un cojín o en forma de estar fregando los platos. El deseo y la aversión pueden surgir en cualquier lugar y circunstancia. Cada elemento de la vida nos muestra con claridad cuál es la acción correcta en un momento dado. Esté donde esté, la consciencia y la respiración son métodos que le ayudan a vivir con inteligencia, a fin de que su vida sea beneficiosa para usted y los demás. ¿No es ese el motivo por el que practica la meditación, lo mismo en los retiros que en la vida cotidiana?

El Buddha nos ofreció su perspectiva de la vida. Él era un ser humano que se dedicó a explorar lo más recóndito de la psique humana, a averiguar qué era el sufrimiento, y a hacernos partícipes de sus descubrimientos en la medida de lo posible. Para mí, él es un guía en el arte de vivir, y, afortunadamente, lo mismo que a usted, se me ha invitado a investigar las enseñanzas. Cuanto más he ido viendo la confirmación de sus enseñanzas en mi vida y en las vidas de los demás, más dicha y energía han aflorado. Así que continúo practicando.

Pero incluso si se demostrara que el Buddha nunca existió…, que un grupo de genios reunidos en un gran departamento de estudios universitario inventaron, compilaron y estructuraron una serie de enseñanzas a las que luego atribuyeron una antigüedad de tres mil años y las tradujeron al pali y al sánscrito… ¿Sabe qué? Seguiría dedicado a ellas. Incluso aunque la superestructura lingüística y de erudición y las acreditaciones históricas se desmoronaran y las enseñanzas resultaran ser un ensamblaje moderno, seguiría practicándolas. ¿Por qué? Porque no he encontrado una forma mejor de vivir. ¿O es que *no* prestar atención, *no* querer aprender, vivir en las heridas del pasado es una opción mejor? Desde luego que no. La consciencia y conocerse a sí mismo son sinónimos de estar plenamente vivos.

Le estoy agradecido a alguien llamado el Buddha, y agradezco que haya habido gente que ha mantenido vivas las enseñanzas durante miles de años. He tenido la fortuna de recibirlas de maestros de talento excepcional, que me han ayudado enormemente. Espero que a usted le ayuden. Pero esencialmente mi tarea es dirigirle de vuelta a sí mismo. Aunque hay *suttas* y técnicas y métodos, y aunque entre yoguis puedan darse ánimos e incluso inspirarse unos a otros, en última instancia, el trabajo arduo, estimulante y gozoso depende de cada uno de nosotros individualmente.

Sea cual sea el grado de despertar que alcance usted, en la medida que sea está en el linaje del Buddha. Entra en esa corriente cuando atiende al momento presente, en el que práctica y despertar, lo incondicionado y la consciencia son exactamente lo mismo. Cuando practica, se abre a grados de verdad más profundos sobre sí mismo, los demás y la naturaleza de la mente. Cada vez vive más en un estado de consciencia.

Y ahora que estamos a punto de concluir esta guía de práctica, me gustaría presentarle mi primer y probablemente último poema. Si hay alguna vanidad en ello, perdóneme: sin duda será debida a haber carecido siempre de talento poético.

Hace unos meses, durante un período apacible y silencioso de meditación sentada, surgieron «de la nada» las breves intuiciones que escribo a continuación. Fueron una sorpresa absoluta, más aún cuando comprendí que las palabras eran un registro sumamente condensado de cuarenta años de práctica meditativa. Le dejo que las desempaquete. Me alegro si le son de ayuda en su viaje a la libertad.

> «¿Dónde encontrar paz?
> En el mismo sitio que sufrimiento.
> ¡Qué apropiado!»

• • • •

P: Sugería usted que le escucháramos con toda atención, pero la mente se me llena de comentarios y críticas. Puede explicar la práctica de «solamente escuchar» a la otra persona o grupo de personas?

R: La práctica sigue siendo la misma: estar atentos a lo que realmente esté ocurriendo. Ahora mismo, mientras hablaba usted, mi mente podría empezar a decir: «Bueno, esta sí que va a ser una respuesta larga», o «Estoy cansado, quiero darme una ducha». O podría ensayar mentalmente un comentario fascinante que dejara boquiabiertos a todos los que están aquí sentados.

Pero, lo mismo que usted, he adoptado esta práctica, que nos insta a escuchar al que habla y, simultáneamente, escucharnos a nosotros mismos. Verá usted a la mente en funcionamiento y aprenderá que nos escuchamos unos a otros a través de un filtro. Puede ser el filtro del pasado o del futuro. Puede ser el filtro de la ansiedad o del deseo de agradar.

No se trata de que se fuerce a escuchar con tal intensidad que parezca que van a reventársele las venas del cuello –¡sería agotador!–, sino de que esté más abierto, más receptivo, más alerta. Si incluye la ayuda de la respiración consciente, que siempre está a su disposición, estupendo. Mientras escucha, empiece a oír los devaneos de la mente…, y aprenda de ello. A la par que crecen su destreza y sensibilidad, el filtro pierde fuerza. Aumenta la claridad de la mente. El escuchar queda libre de codicia o aversión: es simple escuchar.

Voy a poner un ejemplo de mi vida personal que muestra los matices del escuchar atento mientras participamos activamente en las relaciones. Cuando mi esposa vuelve de trabajar, suele contarme las experiencias que ha tenido en el hospital trabajando con pacientes que sufren de uno u otro modo. Al principio, esto provocaba en mí una reacción de la que surgía una charla del Dharma, agradable pero indeseada; en otras palabras, yo daba por hecho que me estaba pidiendo que le resolviera el problema. Con el tiempo, comprendí que a veces sí quería una opinión o un consejo, pero a veces quería sencillamente que la escuchara. Darme cuenta de esto ha sido muy beneficioso para nuestra comunicación. Vi que la mente empezaba a estar más en contacto con el campo emocional del que emergían las palabras.

Refinar el arte de escuchar nos ayuda a pasar de la reacción a la respuesta. Para desarrollar este arte, tal vez a algunos de ustedes les resulte útil sentarse en medio de la naturaleza y, mientras respiran, escuchar los sonidos y el silencio que les rodean; en cualquier caso, es magnífico pasar algo de tiempo así. Pero además puede ayudarles a hacer la transición al arte de escuchar en ambientes más cargados, con otra gente.

La capacidad de escuchar está infravalorada, mientras que se concede gran atención y respeto al arte de hablar. Un buen orador, con facilidad de palabra, impresiona a todo el mundo…, pero el silencioso arte de escuchar es igual de creativo y beneficioso.

• • • •

P: Tengo un auténtico problema, y es que juzgo a los demás todo el tiempo. Me veo juzgar, rebatir y oponer resistencia a los demás continuamente, en el trabajo o incluso estando con amigos. Luego me critico por ser tan crítico. Parece un ciclo interminable.

R: Tiene razón. La mente que juzga crea un retroceso infinito. Pero el solo hecho de ver el patrón es ya una gran parte de la práctica. Mire, la mente de algunos de nosotros no sabe reaccionar a nada en la vida salvo al juicio: «Eres un inepto. Nunca has valido para esto ni nunca valdrás». Pero cuando se queda usted atrapado en la mente enjuiciadora, o se empeña en librarse de ella, solo consigue que se haga más fuerte. Tiene usted que prestarle atención…, incluso darle amor. «Aquí viene la mente enjuiciadora. Pobrecita. Es lo único que sabe hacer». Trátela como si fuera una niña difícil: sin atención y cuidado, puede acabar complicándose todo mucho.

• • • •

P: La semana pasada, pasé una tarde con mi madre, de ochenta y ocho años. Me quedé atrapada en su sufrimiento y la ansiedad, y lo critiqué, y me percaté de pronto de lo que estaba pasando. Entonces pude trascender esos estados mentales.

R: Por favor, recuerde que las emociones siempre pasan. Incluso aunque no medite, todo cambia continuamente…, pero a menudo la emoción sigue «caliente» mientras se desplaza. En el lenguaje del Dharma, la pregunta crítica que formularse es si las emociones salen calientes o frías. A la luz de la consciencia, las emociones salen «frías». Como la serpiente descolmillada, emiten un sonido, pero su mordedura no es venenosa.

Sin embargo, esto no tendría por qué interferir en su capacidad de cuidar de su madre anciana. Una práctica de consciencia no es una forma de desapego; es no apego. La intimidad y la consciencia coexisten. De hecho, la cualidad del no apego puede liberar una expresión más intensa de afecto y amor.

• • • •

P: *¿Puede ayudarme a distinguir entre un apego sano a mi padre, que está enfermo y sufre, y uno insano?*

R: Oigo esta pregunta a muchos yoguis sensibles y bondadosos. Permítame responder describiendo una situación aparentemente tonta, pero que quizá ilustre una cuestión mucho más seria. Tiene que ver con el cojín de meditación en el que me siento. Me encanta, me gusta muchísimo. Es el asiento perfecto. Me siento en él y no me duelen ni las rodillas ni la zona lumbar. Me ayuda a mantener una postura alerta, erguida. Desgraciadamente, sin embargo, no es mío. Es del centro de meditación.

¿Qué pasaría si, cuando llega el momento de salir de la sala, me llevo el cojín a casa? ¿Y si llega el momento de ducharme y, como el cojín me gusta tanto, me meto en la ducha con él? Luego salgo y mi esposa me dice: «¿Qué haces con ese cojín empapado? Es la hora de cenar». Y yo le contesto: «Ahora voy, pero tengo que tener el cojín conmigo».

Si un niño pequeño se aferrara así de fuerte a su oso de peluche, quizá pareciera tierno y encantador. Pero cuando uno tiene ochenta años y va por ahí con un cojín chorreando, es un problema.

En otras palabras, la vida nos dice cuándo un apego no es apropiado. ¿Cómo? Viendo que empezamos a sufrir. Recuerde, el Buddha nos dice que todo lo que nace muere. Si se obsesiona usted con alguien o algo en un mundo cambiante, ¿cómo puede eso darle felicidad? La vida nos enseña que la consciencia debe ser ágil y flexible en respuesta a las condiciones cambiantes. ¿Es capaz de disfrutar al máximo de una relación o un objeto que le reportan alegría, y luego dejarlos ir? Eso es no apego. No es ausencia de amor, ni siquiera de placer; es no quedarse enganchado al amor ni al placer.

¡Pero se trata de su padre! ¿No sería extraño no tenerle apego? A medida que la práctica va madurando, vemos la diferencia entre amar y aferrarse. La consciencia debilita el apego y también la lástima de sí mismo, si existe, pero no debilita el amor. Sé que algunos de ustedes creen que los meditadores experimentados no expresan emociones fuertes, o quizá que no lloran. Por favor, no fabriquen un ideal de lo que significa

ser el yogui perfecto. Todos ustedes son humanos... ¡observen
y aprendan!

• • • •

*P: No hace mucho, un amigo de toda la vida cortó la rela-
ción conmigo. Y aunque llevo años meditando, no soy capaz
de superar la tristeza y la confusión tan hondas que esto me
provoca.*

R: Creo que todo el mundo puede comprender lo que siente.
Esa pérdida provoca el mismo grado de dolor que otros cambios drásticos de la vida de los que hemos hablado, como la
pérdida de los padres o del trabajo o los ingresos. Permítame
por tanto repetir brevemente que, a medida que la mente gana
estabilidad y claridad, todo empieza a ser posible de resolver,
porque es observable. Verá usted que esa mente adiestrada
comprende con más facilidad la legitimidad del cambio tanto
a nivel macroscópico como microscópico. El arte de ver lleva
implícita la comprensión de la impermanencia, incluso de los
elementos aparentemente más inamovibles de nuestra vida,
como los amigos de siempre, nuestra casa o el empleo que en
un tiempo fue estable. ¿Quiere examinar con detalle los incontables artículos de la vida que todos perdemos inevitablemente,
entre ellos la juventud, la salud y la vida misma?

Pero sé que cuando se sufre una pérdida terrible, como la
amistad que acaba de comentar, uno suele estar demasiado

lleno de pesar o de rabia como para escuchar estas palabras. Aunque sea usted un yogui veterano, la práctica de la meditación vipassana puede resultarle inviable en este momento. Así que le recuerdo una vez más que puede volver por un tiempo a la respiración como objeto de atención exclusivo. O puede practicar la segunda contemplación, usando la respiración como ancla, para que le acompañe mientras examina su sufrimiento. Si llega el momento cuando la mente está más serena y estable, puede entonces observar directamente los sentimientos de tristeza y de pérdida.

● ● ● ●

P: Me gustaría volver a la cuestión de practicar el no apego en nuestras relaciones más íntimas. ¿Qué me dice de aquellas que tenemos hijos que criar y atender?

R: Tal vez esta sea la relación más difícil: madre e hijo. Las madres preguntan: «¿Cómo puedo no estar apegada a mi hijo? Le quiero con todo mi corazón». Y yo respondo: «Estupendo. Su hijo es afortunado». Pero luego las animo a que presten mucha atención para ver la diferencia entre amor y apego. Les sugiero que, haciendo uso de la práctica en la relación, empiecen a percatarse de en qué momentos se aferran y aman y en qué momentos ese aferramiento se empieza a debilitar.

Ser consciente puede suavizar muchas de las emociones

que nos hacen engancharnos a las personas que más queremos. Tomemos como ejemplo la ansiedad. La semana pasada, mi nieta estaba resfriada y tenía fiebre. Mi esposa, la abuela, se angustiaba cuando le subía la fiebre y se ponía contenta cuando le bajaba. La vida en casa era como un mercado de valores. Le dije que ser consciente podía suavizar aquellas reacciones extremas, y me contestó: «No sé, ¿crees que deberíamos llevarla a urgencias?». Finalmente, estuvo de acuerdo en que prestar atención a la ansiedad tal vez la atenuara. La insté a que se tomara las cosas según iban viniendo… No ya de día en día, como dice el refrán, sino de hora en hora.

Como no practica la meditación, no le sugerí que las tomara de momento en momento, pero sí es algo que les sugiero a aquellas madres y abuelas que son yoguis. Si la mente permanece estable y serena en el momento presente, le aseguro que no tendrá problema para responder a las crisis médicas o psicológicas que se presenten. Practicar la atención plena no nos hace malos cuidadores. Quizá muchos de ustedes crean que existe una correlación entre el sufrimiento vasto y profundo y un profundo y vasto amor. Pero, por favor, recuerden que en las enseñanzas del Buddha, el sufrimiento indica casi a ciencia cierta que los pensamientos o comportamientos que lo motivan nacen de la ignorancia. No es necesariamente el mejor indicio del amor.

Cuando su práctica en las relaciones vaya adquiriendo profundidad, vea si responde con más acierto a los comportamientos de su hijo, incluso a los más escandalosos. Vea si su reactividad condicionada, que puede manifestarse en forma de ansiedad o ira o rechazo, se atenúa. Luego, observe si su sufrimiento disminuye, pero no su amor.

Una vez más, ¡no creen un ideal de perfección! No son ustedes monjes ni monjas..., e incluso quienes llevan una vida monacal son seres humanos con profundas emociones y apegos. Lo esencial de la práctica es crecer en consciencia y honestidad, no aspirar a alcanzar un ideal. El empeño en ser perfectos desvía la energía que tanto necesitamos para atender a la verdad del momento presente.

· · · ·

P: ¿De verdad cree que la práctica de las relaciones en la vida cotidiana puede despertarnos en el mismo grado que la práctica formal de samadhi y vipassana? Oigo lo que dice, pero no me convence.

R: Aprecio su sinceridad. En el fondo, muchos yoguis no creen que la práctica del Dharma en las relaciones de la vida cotidiana tenga el mismo potencial liberador que la meditación sentada o en movimiento. Aunque al oír a un profesor del Dharma alabar los beneficios meditativos de la vida fuera del cojín hagan un gesto de asentimiento, la mayoría de ustedes consideran que la práctica formal tiene un rango superior.

Permítame responder a esta pregunta tan primordial pidiéndole que se detenga un momento y contemple la pregunta en sí: ¿por qué duda del valor de la relación como parte esencial de la práctica del Dharma? Enfoque la consciencia en la tierra de la que ha brotando esta pregunta. Vea lo que ocurre. ¿Hay algún sentimiento de resistencia, por ejemplo, o de indiferencia? Por favor, interiorice la pregunta. Escuche en silencio.

En la mayoría de los casos, el sufrimiento es la condición que tradicionalmente lleva a la gente al Buddhadharma. Hay quienes optan por la vida monástica, pero la mayoría de la gente que se ha comprometido con una forma de vida meditativa no quiere ser monje o monja. ¿Qué hacer entonces? ¿Pasar el mayor tiempo posible en centros de meditación y de retiro, practicar la meditación sentada en casa, llevar una vida ética? ¡Desde luego! Pero aun así la mayor parte del día sigue estando llena de otras preocupaciones y actividades. Uno se casa, trabaja a jornada completa, se ocupa de sus padres, paga la deuda de la tarjeta de crédito, sale a comprar productos biológicos...

Necesita usted una práctica adecuada a las realidades de su vida..., a todas las realidades, tanto la de estar sentado en la sala de meditación como la de abrazar a sus hijos cuando está en casa. Todo constituye una sola vida: vida en forma de estar sentado, vida en forma de abrazar. ¿Cree que hay alguna necesidad de comparar y jerarquizar las infinitas formas que adopta la vida?

El modelo educativo del Buddha consiste en oír la información del Dharma, asegurarse de que se entiende, y luego poner a prueba los conocimientos conceptuales para averiguar si tienen sentido o no. Desde esta perspectiva, todas y cada una de las enseñanzas –incluida la del valor que tienen las relaciones de la vida cotidiana– son una hipótesis de trabajo que se ha de investigar en la vorágine del vivir.

¿Lo ha hecho usted? Su pregunta da entender que tal vez no. No es un delito. De todos modos, empiece donde está, no donde supone que debería estar. En cuanto tomamos consciencia de la duda, volvemos a estar en el camino del Dharma. Podemos llegar a dudar de cualquier aspecto de la enseñanza y oponerle resistencia…, incluso podemos cuestionar la consciencia de la respiración. A la vez, recuerde el segundo método, la respiración como ancla, que nos enseña que podemos usar la respiración como ayuda para mantener *samadhi* mientras atendemos con visión penetrante las tensiones de la interacción humana. Cada uno de los tres métodos puede ayudarle a observar todos los aspectos de la manera en que realmente vive su vida, y dentro de ella sus relaciones.

Por último, permítame repetir que creo de verdad que la consciencia aplicada a las relaciones es terreno fértil para despertar. Voy a aventurarme a decir –como han dicho otros– que posiblemente la relación sea la parcela de la vida en que con más claridad se revela la fuerza del apego al «mí» y «lo mío», el egocentrismo. Y recuerde que el Buddha vio en el egocentrismo la causa fundamental del sufrimiento.

¿Es posible que la interacción con nuestra pareja, nuestros colegas y la gente desconocida tenga el mismo potencial de liberarnos que sentarnos en una habitación a solas, conscientes de la respiración? Le animo a investigar esta posibilidad. Al hacerlo, tal vez le ayude recordar las sencillas y bellas palabras del maestro Sheng Yen de la tradición Chan: «La práctica no debería separarse del vivir, y el vivir debería ser en todo momento nuestra práctica».

Apéndice:
El encuentro con Krishnamurti

Introducción

¿Por qué agregar mis recuerdos de Jiddu Krishnamurti a un libro dedicado a la meditación budista? Krishnamurti (K) no solo criticaba la religión organizada; creía que con frecuencia era un obstáculo para descubrirse a sí mismo y una terrible fuente de sufrimiento para el ser humano.

Este hombre enérgicamente no sectario fue mi primer profesor del Dharma. Cuando nos conocimos hace cuarenta y cinco años, yo estaba muy confuso en cuanto al trabajo que hacía de profesor de universidad, y sus enseñanzas me ayudaron a dar un giro hacia el que felizmente resultó ser el trabajo de mi vida: el estudio, la práctica y la enseñanza de la meditación. En cierto sentido, él es también mi último profesor. A lo largo de los años, su insistencia inquebrantable en la visión directa de nuestra vida interior y exterior, y en aprender de lo que vemos, ha dado fuerza e inspiración a mi vida.

Mi práctica meditativa empezó con su enseñanza del darse

cuenta. ¿Por qué adopté luego el Buddhadharma durante todos estos años? La respuesta es muy simple. Como ya mencioné en la introducción a este libro, comprendí que necesitaba ayuda. He necesitado años de enseñanzas y práctica budistas para poner auténticamente en acción las enseñanzas verbales de K. Necesitaba la ayuda de técnicas, formas, escenarios particulares, el apoyo de la comunidad, largos períodos de meditación silenciosa solo y en grupo. Y sobre todo necesitaba de otros maestros realizados que coincidieran conmigo en que necesitaba orientación, y con generosidad y paciencia me la ofrecieran. Sobre todo, me interesó la enseñanza del Buddha sobre la respiración plenamente consciente como medio de desarrollar calma y visión penetrante.

A lo largo de todos los años de Buddhadharma, la conexión con K y su enseñanza, y la devoción por ellos, nunca ha flaqueado. Él es mi maestro principal, mi *maestro raíz*. Incluso desde la tumba, sigue avivando mi amor por la enseñanza del Buddha. Durante todas estas décadas ha sido una asociación feliz.

Estoy en la inmejorable compañía de muchos profesores budistas que ven la afinidad existente entre estas dos perspectivas. En palabras de Ajahn Sumedho, monje americano contemporáneo y maestro de vipassana del linaje de Ajahn Chah: «Con consciencia, podemos abrazarlo todo: lo bueno, lo malo, lo correcto, lo erróneo, el placer, el dolor; todos forman parte de la vida. La cuestión no es intentar controlar la mente, sino más bien «darse cuenta sin preferencias», en palabras de

Krishnamurti. Hay consciencia, y no elegimos nada; no intentamos aferrarnos a esto ni librarnos de aquello».*

Samdhong Rinpoche, venerable lama tibetano y estrecho colaborador del Dalái Lama, pasó mucho tiempo con K y llegó a la conclusión de que no existían diferencias fundamentales entre sus enseñanzas y las del Buddha, salvo que este último enseñaba desde la verdad absoluta y relativa, y K, solo desde la absoluta (lo que en los círculos de vipassana se denomina lo Incondicionado). El propio Dalái Lama se reunió tres veces en privado con K. El doctor Ahangamage T. Ariyaratne, el famoso activista budista conocido a menudo como «el Gandhi de Sri Lanka», me dijo que, aunque era budista de nacimiento, no había entendido a qué se refería el Buddha en el *Satipathanna Sutta* hasta oír la exposición clara y penetrante que hizo K de la meditación. La lista podría seguir.

Las enseñanzas de este libro están impregnadas de la influencia de K. La exploración del *Kalama Sutta* que se hace en el capítulo 1 es un tributo al énfasis implacable que puso K en la necesidad de investigar, dudar, aprender, así como en poner a prueba la verdad de las enseñanzas en nuestra experiencia personal. Todos los profesores budistas alabamos el espíritu inquisitivo, pero, con el tiempo, la mayoría nos instalamos en cómodas convicciones sobre la enseñanza y la práctica que hemos elegido. K no. Sus enseñanzas reavivaban

---

* Ajahn Sumedho. *Don't Take Your Life Personally*. Buddhist Publishing Group, Totnes, Reino Unido, 2010, pág. 281.

constantemente la llama de la indagación, que nos hace estar abiertos y ser honestos con lo que esté sucediendo aquí y ahora. Los orígenes de este libro se remontan a esta enseñanza, que me llevó a cuestionar y examinar repetidamente si la pasión que sentía por el darse cuenta se alineaba con la realidad de mis aptitudes e inclinaciones como alumno. Cuando comprendí que no era así, volví a la enseñanza de la respiración consciente con energía redoblada.

Otra hebra de influencia de K que está entretejida en las páginas de este libro es la prioridad de la relación como práctica. También en este caso es un tema que tratan la mayoría de las escuelas budistas, ya esté referido a la importancia de las relaciones en la vida monástica o en la vida laica. Sin embargo, con frecuencia las enseñanzas budistas aconsejan prudentemente refugiarse en los preceptos y utilizarlos como guía para una convivencia armoniosa. En manos de K, la sustancia de los preceptos está presente, pero las enseñanzas se expanden para incluir la relación como espejo que nos ayude a ver la acción egocéntrica. El ver directamente cuál es nuestra relación con la vida en todas sus manifestaciones atenúa e incluso elimina lo que para el Buddha es la fuente del sufrimiento: el apego al «mí» y «lo mío». En otras palabras, K convierte el elemento más problemático del vivir en una práctica dirigida a liberarnos del dolor, tema del que ya hemos hecho una investigación exhaustiva en el último capítulo.

Finalmente, refleja una inequívoca influencia de K el énfasis que pone este libro en la inseparabilidad de la vida y la práctica. Una vez más, nombro con esto una perspectiva que se enseña con sinceridad en la mayoría de los círculos budistas, y que he explorado al hablar de las enseñanzas de Dogen en el capítulo sobre la vida cotidiana. Pero mucho antes de saber nada sobre el budismo, K me infundió esta comprensión. Cuando enseñaba, pasaba sin la menor interrupción de las descripciones de la naturaleza a la gente de la calle, los objetos materiales y la dinámica del mundo interior. Era puro darse cuenta en acción. Lo que llamamos *práctica* y lo que llamamos *vida* son idénticos: ¡solo hay vida en múltiples formas!

Al final de mi primer encuentro con Krishnamurti, él subrayó: «Preste atención a cómo vive *realmente*»... ¡No a cómo cree que vive ni a cómo cree que debería vivir! En aquel momento, esta enseñanza se me quedó grabada a fuego. Hoy sigue sirviéndome de inspiración en la vida, ya esté enseñando, practicando, relacionándome, caminando... o escribiendo las palabras de este libro.

• • • •

Entrevista. 24 de agosto de 2009, por Madeline Drexler

P: Hablemos sobre la influencia de Krishnamurti en su vida y en su enseñanza.

R: De entrada, le diré que, aunque murió en 1986, sigue estando muy vivo en mí. Le llevo en los huesos. De todos los maestros que he tenido, fue, con mucho, el que me causó mayor impresión.

• • • •

P: ¿Por lo que enseñaba o por cómo lo enseñaba?

R: No puedo separar lo uno de lo otro; por ambas cosas. Quien era, y el contenido de sus enseñanzas, me producían un júbilo indescriptible. Quizá sea conveniente que la ponga en antecedentes. Le conocí a finales de la década de los 1960…, en 1967 o 1968. Yo daba clases de psicología social en la Universidad de Brandeis en aquellos momentos. Mi colega, el profesor Morrie Schwartz –el personaje central del libro *Martes con mi viejo profesor*– insistía en que conociera a K. Me dijo:

–Larry, he pasado las últimas semanas en Nueva York, y estando allí oí hablar a un caballero indio en la Nueva Escuela de Investigación Social. No entendí ni una palabra de lo que decía, pero sé que es exactamente lo que buscas. Y viene a Brandeis.

–Vale, Morrie, de acuerdo, de acuerdo –le dije. Lo que me contaba no me despertaba ni el más mínimo interés.

–No, no. De verdad que tienes que ir a escucharle. Es lo que buscas desde hace mucho.

–Bien, ¿y de qué hablaba? –le pregunté.

–No tengo ni idea –me contestó–. Pero sé que te va a interesar. Créeme.

–Está bien –le dije–. ¿Cómo se llama?

–Jiddu Krishnamurti.

–¿Y por qué va a venir al campus de Brandeis? –pregunté.

Me dijo que lo había organizado el profesor James Klee, del departamento de psicología. Todos los años traía a algún personaje distinguido, como invitado del departamento de cine, y ese año se había invitado a Krishnamurti a pasar allí unos días; se iban a filmar sus charlas. Nunca había oído hablar de él, pero decidí que me asomaría al menos a ver qué decía.

Una semana antes, aproximadamente, de la fecha prevista para que llegara K estaba en Harvard Square echando un vistazo en una librería especializada en obras académicas y de alto nivel intelectual. Le pregunté al dueño si tenía algún libro de un autor llamado Krishnamurti, aunque estaba casi seguro de que no estaría incluido en aquella concurrencia de grandes pensadores. Para mi sorpresa, me condujo hasta el libro de K que había en un estante: *Think on These Things*.[*]

Empecé a hojearlo. ¿Cómo podía haber llegado un libro así a aquella librería? Krishnamurti les hablaba a unos niños sobre las dificultades que tendrían que afrontar al hacerse mayores y encontrarse cara a cara con la vida. Usaba un lenguaje sencillo, común, concreto y directo. Nunca había leído nada que respondiera con tal sencillez y profundidad a las cuestiones fundamentales que nos incumben a todos. Evidentemente se

---

[*]   Harper and Row, Nueva York;1964. Versión en castellano: *El propósito de la educación*. Edhasa, Barcelona, 1992. (*N. de la T.*)

dirigía a los niños, pero sus palabras me llegaron de forma directa al corazón, a mí, un catedrático culto de treinta y tantos años. Estaba conmovido. Cualquier duda que pudiera tener sobre si asistir o no a su semana de charlas se esfumó.

Y apareció Krishnamurti. Pero antes me gustaría mencionar otro factor que fue una de las razones por las que me impactó tan poderosamente. En aquella época, había empezado a sentirme cada vez más separado de la vida académica. Antes había trabajado en el departamento de psiquiatría de la facultad de medicina de Harvard, y había creído equivocadamente que esta era la causa del problema. Dejé el trabajo al cabo de dos años y regresé a la Universidad de Chicago, donde de estudiante había pasado muchos años felices, esta vez como profesor. Pero tampoco aquello resultó ser lo que quería, así que me marché un año después y acepté una oferta de la Universidad de Brandeis.

Lo que aprendí en Harvard fue muy doloroso. Llegué hinchado de orgullo por la perspectiva de enseñar psicología social y hacer investigaciones en Harvard, pero la luna de miel duró unos seis meses. Pronto empecé a encontrarme con personas de carne y hueso y a ver que así es la vida: simples seres humanos llenos de vanidad y neurosis, y a menudo insatisfacción. Se truncaron todas mis esperanzas.

Fue una época en la que, por primera vez en mi vida, tenía dinero… para mí. Las mujeres me prestaban más atención. Solía llevar una sudadera de Harvard, tenía artículos de escritorio de Harvard, y en muchos sentidos estaba bastante contento conmigo mismo. Tenía un apartamento para mí solo muy cerca de Harvard Square, en vez de necesitar compañeros de piso, como en la época de estudiante, para poder pagar el alquiler. Era una versión del sueño americano, intensificada por la orgullosa valoración que mi familia hacía de tales logros. Mi padre era un taxista ruso que había llegado al cuarto curso de educación básica, ¡y aquí estaba yo, en el paraíso académico!

Pero con el paso del tiempo vi que seguía estando en lucha conmigo mismo y bajo la presión autoimpuesta de demostrar lo que valía..., de demostrármelo a mí mismo. Tenía un currículum verdaderamente excepcional, pues había publicado un libro y muchos artículos de investigación siendo todavía un estudiante universitario, gracias principalmente a mi gran dedicación y empeño.

Pero, como ya he dicho, empecé a sentir cierta desilusión. Primero le eché la culpa a Harvard, después a Chicago y, por último, a Brandeis. Poco a poco comprendí que ninguno de estos centros de aprendizaje académico tenía nada de malo. ¡El problema era yo! Estaba buscando en el sitio equivocado la paz y felicidad interiores que tanto anhelaba. Tenía que empezar a mirarme a mí mismo. Pero ¿cómo se hace eso? Para empezar, todo el derroche de energía psíquica que suponía culpar a la universidad de no haber satisfecho mis «ilusiones» empezó a disminuir. A pesar de ello, viví un período de pesar y tristeza por haber perdido lo que en un tiempo había sido una fuente magnífica de identidad y seguridad.

Espero que estos breves recuerdos biográficos puedan, hasta

cierto punto, ayudar al lector a entender por qué el encuentro con Krishnamurti tuvo en mí un impacto tan inmenso. ¡Difícilmente se podía estar más a punto de caramelo!

• • • •

P: ¿A esta desilusión se refería Morrie Schwartz?

R: Probablemente. Me pasaba el día tanteando uno u otro método del movimiento Nueva Era y preguntando sobre drogas psicodélicas, meditación, yoga o alimentación. Era muy al principio de mi búsqueda…, no hacía más que escarbar aquí y allá. En realidad no sabía mucho.

Cuando llegó Krishnamurti, había empezado ya a decaer la pasión que antes había tenido por los estudios académicos. En un tiempo, me había entusiasmado la idea de ser catedrático. Ardía en deseos de estudiar, de investigar y de enseñar psicología social en un entorno académico. Pero pronto no quedaron de todo ello más que unas ascuas; la hoguera se apagó. Sabía mucho *sobre* la mente…, sobre la mente de los demás. Pero ¿y sobre la mía?

Y entonces llegó Krishnamurti. No había nada formalmente programado para el primer día. Morrie Schwartz lo organizó todo para que pudiera conocerle personalmente, y de pronto me encontré sentado en una sala con él. Krishnaji –como le llamábamos– y yo empezamos a charlar. Iba impecablemente vestido: un caballero británico. Haciendo un inciso, me acuerdo de que sonreí para mí mismo pensando en que esto debía de ser a lo que se referían los dos catedráticos judíos ya veteranos cuando me aconsejaron, siendo yo un profesor nuevo, joven y nervioso: «Aquí el secreto del éxito es pensar en hebreo, pero vestir en inglés».

La ropa y los zapatos que llevaba eran de un gusto exquisito. Era cortés, afectuoso y muy afable. Pero casi al principio de la conversación, empecé a sentirme muy incómodo. ¿Por qué? Simplemente estábamos allí sentados, y él no daba muestras de tener prisa; parecía estar relajado y a gusto. ¿Era porque estaba sentado con un hombre de fama mundial? No. Krishnaji se reía de sí mismo, de que le hubieran invitado a venir a una universidad para ser el Hombre del Año de las filmaciones. Con una carcajada, me dijo que no había leído mucho y que ni siquiera había ido a la universidad. Al cabo de una hora más o menos nos despedimos. Comprendí que me había sentido tan incómodo porque él estaba extraordinariamente atento a mí, y a la vez completamente relajado.

Yo ya había conocido a gente que estuviera muy atenta a mí, por ejemplo mi madre y mi padre, pero era una atención acompañada de tensión: «¿Y ahora por qué locura te ha dado? ¿Otra vez te has metido en algún lío en el colegio?». Era un interés cariñoso y protector, pero también tenso y preocupado. No estaba acostumbrado a aquella calidad de atención sin tensión. Era nueva para mí. Fue la primera de muchas lecciones inestimables que aprendí del señor Jiddu Krishnamurti.

• • • •

P: ¿Cómo se manifestaba en Krishnamurti esa atención? ¿Se sentaba con el cuerpo inclinado hacia delante y lo miraba a usted?

R: No, qué va. Esa es la cuestión. Sucedía como lo más natural.

• • • •

P: ¿Le miraba a usted a los ojos? ¿Le hacía preguntas?

R: Sí, pero principalmente estaba relajado por completo y parecía escuchar con una atención total. No era como si hubiera pensado: «Ahora voy a estar atento porque tengo una entrevista con una persona» ni nada parecido. Estaba cómodo, a gusto, relajado. Lo que más recuerdo es mi incomodidad. Me cayó bien…, era delicado, extremadamente acogedor y cordial. Le dije que había leído su libro *Think on These Things*, que me había conmovido profundamente y que tenía la intención de asistir durante la semana a tantas sesiones de su programa como me fuera posible. No contestó nada. Me agarró las dos manos, me miró a los ojos y, según recuerdo, solo dijo: «Muy bien». No estaba intentando convencerme de que fuera; no hubo una palabra de ánimo…, nada.

Lo siguiente que recuerdo es una serie de charlas, entrevistas y sesiones de preguntas y respuestas con el profesorado y los alumnos, que se filmaron. No puede decirse que hubiera una asistencia masiva a las charlas. Yo estuve presente en cada una de ellas. Cuanto más le oía hablar, más comprendía que Morrie Schwartz tenía razón. No es que lo entendiera todo, pero captaba lo suficiente de su forma de exponer las cosas —en relación con las limitaciones del pensamiento y el conocimiento, el énfasis en la observación directa y la indagación, la importancia de cuestionar y dudar— como para querer aprender más de este método de autodescubrimiento.

Krishnamurti empezó a recordarme a mi padre, solo que mucho más distendido. Mi padre también me dio siempre licencia absoluta para cuestionar cualquier cosa. Así que, por extraño que fuera, me sentía como en casa en presencia de este caballero indio tan elegante. Recuerdo cómo me impresionó su cutis, joven y terso. Estoy hablando de 1968. Puede usted calcular la edad que tenía…, murió en 1986.

• • • •

P: Debía de tener setenta y dos o setenta y tres años.

R: En las charlas, el público estaba inquieto. Había unas cuantas personas a las que parecía interesarles lo que se decía, pero abundaban las preguntas intelectuales, largas y retorcidas. Krishnamurti las contestaba meticulosamente. Me daba cuenta de que la mayoría de los que estábamos allí, incluido yo mismo, por supuesto, no entendíamos de verdad de qué hablaba. Yo, de todos modos, estaba cautivado.

Además de las charlas, lo que quizá me impactó con más fuerza todavía fue la oportunidad de pasar tiempo con él a solas. Pude hacerlo porque era tan poca la gente que tenía verdadero interés. Tuve ocasión de dar paseos con él. En aquel tiempo, había muchos bosques alrededor del campus. Me atraía poderosamente la palabra *meditación*, aunque en realidad no sabía lo que significaba. Le pedí a Krishnamurti muchas veces que me enseñara meditación, y él solamente sonreía y se quedaba en silencio.

La primera vez que salimos a pasear, dijo: «¿Le importa si paseamos en silencio, si no hablamos?». Me pareció una petición extraña. Yo estaba acostumbrado, desde luego, a pasear en compañía, pero siempre se hablaba además.

K y yo caminábamos media hora, tres cuartos de hora o una hora alrededor del campus, por los bosques. Pasada la sensación inicial un poco embarazosa, la verdad es que aquello empezó a gustarme. Él se mostraba cómodo paseando en silencio, así que yo empecé a sentirme cómodo también. Era nuevo para mí.

En el pasado había caminado en silencio a solas o con amigos íntimos –por ejemplo, por la costa del Atlántico y el Lago Michigan–, pero a este hombre apenas lo conocía.

• • • •

P: ¿Y qué hacían? ¿Iban por los senderos? ¿Krishnamurti se quedaba mirando las hojas, se acercaba a los árboles? ¿Levantaba la vista al cielo? ¿Se paraba?

R: Se detenía a veces. A veces se oía cantar a los pájaros, y se paraba y decía: «Vamos a escuchar unos minutos». Y escuchábamos. O se paraba y sonreía. Pero no hacía de ello un proyecto, algo como: «Vamos a pararnos ahora. Le voy a enseñar meditación de una forma natural»; no hacía eso. La mayor parte del tiempo sencillamente caminábamos y disfrutábamos de movernos en silencio; a veces por zonas de bosque frondoso, a veces por un sendero. Parecía feliz. Como me veía disfrutar, al día siguiente repetíamos, así que dimos varios paseos durante su estancia.

Uno o dos días antes de la fecha en que se iría de Brandeis, en uno de los paseos se paró y dijo: «Elija cualquier cosa. Una planta, una hoja, una flor, parte de un árbol. Mire a ver si puede mirarlo durante unos minutos sin ponerle nombre, sin pensar en él. Simplemente mirarlo, con inocencia, como si lo viera por primera vez. Vamos a hacerlo un rato». No dijo cuánto.

No me acuerdo de qué elegí. Creo que fue una hoja o un grupo de hojas. Al principio, la mente se agitó; no le gustaba hacer aquello, no quería tener que prestar atención. Había en mí una resistencia muy clara a observar nada más, y en un par de momentos miré de reojo a Krishnamurti, buscando alguna señal de que ya habíamos hecho aquello el tiempo suficiente y podíamos empezar a andar de nuevo. Sin embargo, al cabo de un rato la mente se tranquilizó un poco. Estaba simplemente observando cuando, de repente, la hoja empezó a ser interesante. Me sentí increíblemente conmovido, lo cual fue una sorpresa absoluta. Empecé a ver de verdad, de una manera nueva y vívida, aspectos ordinarios de la hoja. Su forma, su color, los nervios y el peciolo me interesaban profundamente. Estaba todo tan vivo. ¡El verde era ahora verde de verdad! Era todo un pequeño mundo palpitante. Después me preguntó:

–Bueno, ¿cómo ha ido?

–Ha sido fascinante. Era sencillamente tan bello –contesté.

Y seguí hablando y hablando de ello. Le conté cuánto me había conmovido y cuánto había visto y aprendido; le dije que nunca me habían interesado así los detalles…, que en realidad siempre había hecho como que miraba la naturaleza sin mirarla. Y ahora acababa de verla muy de cerca, y era fascinante y conmovedora y había captado todo mi interés.

Me dijo: «Bien, pues para meditar, siéntese y haga lo mismo solo que ahora con la mente». Y eso fue todo [*Risa*]. Punto. Y continuamos el paseo.

El otro recuerdo que tengo es que cada día había algunos profesores que iban a las charlas y diálogos… Eran tiempos en que los profesores se reunían a tomar cócteles en el club del profesorado. K siempre iba bien vestido. Cuando la reunión era informal, iba elegante pero informal; cuando era la hora del cóctel, parecía que estuviera en Inglaterra: llevaba corbata, chaleco y chaqueta, igual que si acabara de salir de una de las producciones de la serie de clásicos inglesa *Masterpiece Theatre*.

Al final de la primera charla, recuerdo que dijo: «Son las cuatro, ¿no es hora de ir a tomar un cóctel?». Tenía un acento inglés de clase alta, que me resultaba bastante agradable. Me contaron que no fumaba ni bebía y que había sido siempre vegetariano. Entonces yo no sabía nada de la extraordinaria historia de su vida.

Así que fue al club de los profesores, y lo primero en que me fijé fue lo armoniosamente que encajaba en aquel ambiente. Estaba tomando alguna clase de ponche –no sé lo que bebía, pero no era alcohol– y hablaba tranquilamente con distintos miembros de la facultad, que en su mayoría no estaban allí para conocerle. Algunos habían asistido a alguna de sus charlas y le hacían preguntas. Y él les respondía con naturalidad, muy cómodo, él con su bebida y ellos con la suya. No puedo creer que la mayoría... o igual ninguno de nosotros supiera de qué hablaba en realidad, pero a nadie parecía importarle.

Me dejó asombrado aquella forma suya de romper el hielo: «¿Qué les parece si vamos al club de profesores?», y luego, una vez allí, ver que se sentía como en casa. Era completamente distinto de todos los que había allí presentes. No solo era indio, sino que además no bebía, etcétera. Y por supuesto, tampoco era profesor, no tenía prácticamente ningún tipo de educación formal.

Tenía un gran sentido del humor. Era muy divertido, muy afable. Extraordinariamente cortés... ¡Cortés de verdad! Un auténtico caballero británico. Son detalles inolvidables.

• • • •

P: Mucha gente que tiene un conocimiento somero de Krishna-murti lo considera severo y abstracto. Eso es lo que se trasluce cuando se leen sus charlas.

R: Nunca me pareció severo. Lo que sí me parecía a veces era *austero*, y yo lo agradecía. Cuando daba una charla –siempre sin guión–, parecía tener fuego dentro. Emanaba de él una tremenda energía. Era muy, muy apasionado. Algunos lo interpretaban como frialdad, otros como severidad, dureza. Yo diría que era austero, es decir, sobrio, sencillo, directo…, iba directamente al grano, y desde luego no era «diplomático».

En cuanto a la abstracción, yo nunca tuve la sensación de que fuera abstracto. Pero, claro, igual es porque conozco muy bien su enseñanza. Es posible que nos parezca abstracto porque algunas cosas que decía, que para él eran obvias, nacían directamente de un gran silencio, y no se correspondían con lo que hasta el momento conocemos nosotros de nuestra vida interior. Era como si fuera capaz de infundir esa energía a la vida ordinaria sin hacer que, al menos en mi caso, quien le oía se sintiera distante o incómodo.

Cuando terminaba de dar una charla formal, a veces bajaba del estrado y me tomaba de la mano igual que un abuelo cariñoso; tierno, jovial y con un gran sentido del humor. Como ya he dicho, escuchaba con mucha atención. Alentaba al otro a cuestionar cualquier cosa que dijera…, y lo hacía en serio, no era mera retórica. No tenía interés en convencer a nadie de nada ni en crear una secta.

A pesar de ello, algunos profesores comentaban a sus espaldas: «Bueno, ¡uno más de esos gurús indios!». En retrospectiva, es comprensible que lo pensaran. A pesar de que Krishnamurti solía echar por tierra la relación gurú-alumno, a medida que iba pasando la semana empecé a mirarle con reverencia. Aunque se burlaba siempre de tal adulación, definitivamente yo había empezado a dirigirme a él como mi gurú. Yo carecía de experiencia y estaba ávido de una clase de sustento que la mente conceptual sencillamente no podía darme. Creo que después de varios años consiguió finalmente hacerme entender a qué se refería. No tengo la menor duda de que quería sinceramente que cada uno fuéramos una «luz para nosotros mismos». Fue creciendo en mí un inmenso respeto y gratitud hacia este anciano esbelto, a la vez que veía que era bastante humano, con sus imperfecciones particulares.

Tiempo después, una vez que lo vi el Robledal, en Ojai, California, se dirigía hacia el lugar donde iba a dar la charla vestido con un atuendo deportivo, sencillo y elegante…, como un californiano. Me emocionó. Tal vez en el pasado, alguien de una profundidad de percepción como la suya hubiera vivido recluido casi permanentemente en el Himalaya o en un *ashram* o en un monasterio; el mundo habría venido a él, o se habría dedicado a vagar por la India. Pero aquí estaba este tipo, con su indumentaria inmaculada, su inglés perfecto, viajando por todo el mundo, dando charlas sin cesar, dialogando con cualquiera que fuese a oírle.

Siempre vestía de la manera apropiada para cada cultura. Cuando estaba en la India, se ponía un *kurta* y un chaleco. Cuando estaba aquí, llevaba ropa deportiva. Tenía un chándal, la clase de ropa que se usa para salir a correr, y zapatillas deportivas. Aunque él no corría, andaba mucho. Al parecer, de joven fue un muchacho muy atlético.

Me conmovía lo que intentaba hacer. No debía de resultarle fácil tener que escuchar nuestras preguntas ignorantes y en general intelectuales. Normalmente se ha de pasar por un proceso de filtrado mucho más fuerte antes de entrar en contacto con ciertas enseñanzas. Nadie va a la India y hace frente al calor, las enfermedades y los ajustes culturales a menos que haya entendido ya algo sustancial y, o, tenga una visión muy romántica de la «sabiduría oriental». Krishnamurti estaba abierto a todo el mundo. Me fijé en que era igual de cordial, incluso afectuoso, con el personal de limpieza que con los profesores y los alumnos. No parecía hacer ninguna distinción.

Insistía en que todos éramos capaces de hacer lo que proponía: «No hagan caso de los gurús. No necesitan ustedes la ayuda de nadie. Pueden hacerlo solos; todo está en ustedes». Tenía una energía asombrosa.

• • • •

P: Habla usted de su sentido del humor. ¿Se acuerda de algo en particular?

R: Buena parte de su humor se plasmaba en relatos antirreligiosos; casi todo. Contaba chistes. Pero era gracioso también

–desde mi punto de vista– en las conversaciones habituales y en los diálogos con los demás. Con frecuencia había una enseñanza oculta tras comentarios bastante sarcásticos.

Una vez un amigo me contó esta anécdota. Un caballero indio le había preguntado:

–Krishnaji, tengo entendido que todos los días hace usted yoga…, *pranayama* y yoga.

Krishnamurti no contestó, siguió escuchando. Y el hombre añadió:

–Sienta muy bien, ¿verdad? Le da a uno cantidad de energía.

Krishnamurti levantó la mirada y dijo:

–Sí. ¡Más energía, más diabluras!

Le gustaba echar las cosas por tierra. Cuando uno pensaba que por fin había encontrado cierta estabilidad, le segaba la hierba bajo los pies. Era un rasgo suyo que experimenté y valoré desde el principio.

● ● ● ●

P: En algún momento ha mencionado usted que una vez le aconsejó, en sentido metafórico, que pusiera su casa en orden.

R: Fue cuando ya se iba, mientras hacía la maleta. Su estancia en Brandeis estaba a punto de terminar. Había dado una charla exclusivamente para el profesorado del área metropolitana de Boston, y habían acudido multitud de profesores de todas partes. Tengo un recuerdo muy vívido de aquella tarde porque fue la última charla que dio antes de irse. Había una gran mesa de centro, y la dispusieron para que pudiera sentarse con las piernas cruzadas, vestido con su traje de Saville Row…, sastrería londinense de prestigio. (Me contó que la ropa le duraba muchos años, porque nunca engordaba.)

Estaba allí sentado con las piernas cruzadas, y querían que hablara sobre educación. Le habían puesto a la charla el título de «El futuro de la educación superior». Expuso sus ideas básicas sobre educación: la necesidad imperiosa de autodescubrimiento y comprensión que acompañaran al aprendizaje académico. Luego, al final de la charla, el decano de la facultad le hizo una pregunta en tono ligeramente beligerante.

–Señor Krishnamurti, si lo que ha dicho hasta ahora es verdad, ¿qué futuro cree que le espera a la educación superior?

Krishnamurti se sumió en un profundo silencio. Lo recuerdo a la perfección; es como si lo tuviera delante en este momento. Desde una gran quietud, dijo vacilante, con mucha suavidad…, como si detestara tener que decirlo:

–Francamente, señor, no le veo ningún futuro a la educación superior.

Los cuarenta o cuarenta y cinco profesores que había en la sala parecieron hundirse en una depresión masiva…, exceptuándome a mí y posiblemente a unos pocos más. Yo me sentía danzar de felicidad por dentro; era la vindicación de una perspectiva que se iba afianzando en mi interior, a la que me había introducido Krishnaji con perspicacia e inteligencia inigualables.

Después fui a su habitación a despedirme. Estaba haciendo la maleta. Me hizo pasar y me quedé mientras empacaba. Le pregunté:

–¿Dónde vive, Krishnaji? –como le llamaba ya para entonces.

–Mi lugar de residencia oficial es Ojai, en California. Pero vivo por todo el mundo –y señalando la maleta añadió–: esta es mi casa.

Vio lo atentamente que le observaba guardar las cosas y dijo:

–Como tengo que empacar tan a menudo, he aprendido a hacerlo muy, muy bien. Solía ser muy desordenado con las cosas ordinarias de la vida. Tuve que ocuparme de ello expresamente. Pero ahora, esto va aquí, aquello va allá. Se dobla todo con cuidado y empacar se vuelve mucho más fácil.

Le dije cuál había sido mi reacción al oírle hablar sobre la educación universitaria a los profesores. Le conté un poco de lo que ya he mencionado antes… Que no era culpa de la universidad, pero que yo había esperado que me diera ciertas cosas que no podía darme. Que ahora sabía que cualquier éxito externo podría darme solamente una satisfacción limitada, y que por eso había hecho un cambio de dirección. Le dije que al oírle expresar con toda claridad algo de lo que yo ya había tenido algunos vislumbres, había visto ensancharse el abismo entre la verdad de mi condición en aquel momento y la idea romántica, acariciada durante tanto tiempo y materializada con tantos sudores, del «Profesor Larry». Me alegraba muchísimo oír su punto de vista sobre la educación, porque nadie en mi círculo de amigos y colegas de la universidad tenía capacidad para validar la conclusión a la que había llegado.

Al parecer, necesitaba el apoyo de alguien como Krishnaji porque no confiaba en mí mismo lo suficiente. Oírle me ayudaba a comprender que tenía cierto mérito lo que la experiencia me estaba enseñando; que no era una simple reacción rebelde e inmadura.

Krishnamurti se quedó muy quieto y dijo:

–De acuerdo. Escuche, es usted catedrático. ¿Tiene algún otro medio de ganarse la vida?

–Absolutamente ninguno –le contesté.

–¿Qué me dice de su familia?

–No, qué va. No tienen dinero.

–Mire, no entre en guerra con ellos [se refería al academicismo] –dijo–. Le ganarán. Son más que usted, y tienen más poder. Las cosas no van a cambiar por ahora. Ocúpese de sus asuntos. Trabaje consigo mismo, pero sea profesor. Haga un buen trabajo. Sea lo que sea lo que enseñe, hágalo bien. No pierda el tiempo ocupándose de los demás, intentando convencerlos, porque no servirá de nada –y luego añadió–: Ponga su casa en orden. Ponga su casa en orden primero.

En aquella época, yo hacía vida de soltero: lanzaba las ropas al aire y allí donde caían se quedaban un tiempo. Era bastante descuidado en el apartamento.

–¿Quiere decir que eche un vistazo al apartamento donde vivo, que lo limpie, ordene las cosas, friegue los platos y cosas así?

Se quedó un poco sorprendido.

–Sí, sí, claro. Puede empezar por ahí. Pero estoy hablándole de otra cosa –y se señaló el corazón: dentro.

–¡Ah! –respondí–. Entiendo.

Era hora de irse, y le pregunté:

–¿Tiene alguna indicación de despedida?

Él iba a seguir su camino, yo el mío. Dijo:

–Solo una cosa. Preste atención a cómo vive *realmente*.

Realmente, lo subrayó. ¿Cómo vive *realmente*? No cómo cree que vive. No cómo debería vivir, sino ¿cómo vive en realidad momento a momento?

–La clave está en la relación: con la gente, con la naturaleza, con los objetos, con el dinero. Y sobre todo consigo mismo –dijo. Y añadió–: Habrá quienes lo llamen conocimiento de sí mismo o conocerse a sí mismo. Pero preste atención a cómo vive *realmente*.

Llevaba la palabra *realmente* grabada a fuego en el cráneo cuando me fui. No sabía en verdad lo que significaba hasta que probé a hacerlo.

Han pasado muchos años desde aquel primer encuentro, que cambió el curso de mi vida. Dos años más tarde, dejé la vida universitaria para vagar y aprender, principalmente de maestros de meditación asiáticos. Diez años de Zen, de estilo coreano, japonés y vietnamita. Treinta años de vipassana, con maestros de Thailandia, Myanmar, Sri Lanka, Camboya y la India. Ahora llevo ya muchos años enseñando meditación budista. Incluso he abierto un centro en Cambridge, Massachusetts.

Durante este tiempo, vi o me reuní con Krishnamurti tantas veces como pude, sobre todo en Nueva York y Ojai. También he convivido íntimamente con sus libros, vídeos y grabaciones de audio. Él me ayudó a cambiar mi vida a mejor, y algo me lo recuerda cada día. ¡Sigue ayudándome a ser honesto desde la tumba!

Todos estos recuerdos son las lecciones que aprendí del contacto personal con él y que siguen vivas en mí. Sus palabras se pueden leer en un libro; leo algo suyo casi a diario y valoro esta forma de aprender. Pero algunas lecciones que aprendí en su presencia han sido particularmente transformadoras..., podría decirse que me cambiaron la vida.

● ● ● ●

P: En sus escritos, «lo que es» aparece siempre en cursivas. Tiene algo muy especial esa frase.

R: La tensión entre lo que es y lo que debería ser es crucial para entender a Krishnamurti. A pesar de que la vida se vive en *lo que es*, al parecer preferimos usar el pensamiento para colarnos en *lo que no es*. La intención de gran parte de lo que dice es hacernos abandonar la preferencia tan arraigada por lo que fue, lo que será o lo que debería ser, para que podamos tener una relación íntima con la experiencia real de lo que está sucediendo en este mismo momento. Yo hago cuanto puedo por vivir esto de verdad, y por supuesto es la esencia de lo que enseño. Lo que mantiene mi vida y mi enseñanza vivas y dinámicas es esta puerta a la sabiduría.

Y ahora saltemos a Nueva York, que fue donde le vi con vida por última vez. Estaba dando unas charlas en la ONU, y alguien alquiló una sala de conferencias en el edificio de enfrente. El acceso estaba restringido. Éramos creo que ocho…, un pequeño grupo. Krishnamurti había pedido que no hubiera gente nueva, solo personas que tuvieran ya una base sólida, que conocieran bien su enseñanza.

Pasamos una semana juntos. El tema era el miedo. Dos horas cada mañana y dos horas cada tarde durante cinco días. En primer lugar, recuerde que yo hacía tiempo que no le veía. No había estado en las charlas de la ONU; no había podido ir.

Así que no le había visto desde hacía uno o dos años, y cuando entró seguía teniendo aquel cutis tan maravilloso y me dio un caluroso apretón de manos. Pero me impresionó lo frágil que parecía. Se sentó en un extremo de la mesa de conferencias y empezamos a tratar el tema, explorándolo desde todos los ángulos. Una vez que empezó a hablar, aunque su cuerpo seguía dando una sensación de fragilidad, estaba claro que había en él una energía formidable. Aquella fuerza suya para el diálogo estuvo presente en todo momento. Estaba alerta y habló con su acostumbrada claridad en todas las conversaciones. Fue una semana extraordinaria.

Finalmente llegó la tarde del viernes. Había terminado nuestra semana juntos. Faltaban más o menos diez minutos para que nos fuéramos cada uno por nuestro lado. Krishnamurti tenía alrededor de ochenta y ocho años entonces, igual ochenta y nueve, y de repente empezó a hablar de algo que parecía no tener nada que ver con el tema de la semana. Recuerdo que pensé que quizá estuviera de pronto totalmente confuso o distraído.

Esta es una transcripción muy a grosso modo de lo que dijo:

–Hoy, al mediodía, unos amigos me han llevado a la tienda de un joyero de fama mundial. He tenido en la mano una joya muy preciada, y era de una belleza exquisita. El color, la textura, la talla y la forma en que reflejaba la luz eran extraordinarias. La he tenido en las manos un rato, la he observado atentamente ¡y he penetrado en ella… y más allá de ella!

Mientras hablaba, tenía las manos juntas, ahuecadas. Rápidamente, con la mano izquierda hizo un gesto como de arrojar la joya. Luego, con la mano derecha, hizo como si la reemplazara, y dijo, con dramatismo:

–¡El *miedo* es esa joya!

Me quedé pasmado, y a la vez entusiasmado y lleno de inspiración. Acababa de demostrar un tema absolutamente clave de su enseñanza. Y aquella fue la última vez que le vi con vida.

• • • •

P: ¿A qué se refería? ¿Qué quería decir?

R: ¿Qué cree usted que quiere decir? Penetre en ello. ¡Averígüelo! Creo que Krishnamurti estaría muy contento de que pusiera fin a nuestra charla de esta manera.